Das Christentum war
von Anfang an abenteuerlich.

Was Ihnen das bringt?

Sie leben in einer neuen Freude, die Sie über manche Hürde des Alltags trägt. Jeden neuen Tag nehmen Sie als Geschenk an. Sie wissen sich zutiefst geliebt und gewollt. Sie werden ihr bester Freund und ein besserer Freund für andere. Sie fühlen sich angenommen und wertvoll. Sie erfinden zauberhafte Worte, um andere zu beglücken. Sie verbringen mehr Zeit mit wichtigeren Dingen. Sie werden von Heiligkeit berührt. Sie verlieren Angst. Sie entwickeln Durchhaltevermögen. Sie lassen sich tragen. Sie entdecken Ihre Würde. Sie werden Weltmeister im Loben. Sie nehmen Ihre Vergangenheit an. Sie lachen über Ihre eigenen Fehler. Sie entdecken die Kleinheit und gewinnen Größe. Sie können sich anlehnen. Die Zukunft erwarten Sie mit einem Lächeln. Ihre Kräfte vergeuden Sie nicht länger. Verliebtheit leuchtet aus Ihren Augen heraus. Sie lächeln wildfremde Menschen an. Sie werden großzügig. Sie hören auf zu bestrafen und zu verurteilen. Sie finden Geborgenheit. Sie entdecken Gemeinschaft und Treue. Sie empfangen Heilung. Sie formen Worte zu Gebeten. Sie platzen vor Vergnügen. Sie tanken nicht länger Selbstmitleid nach. Sie lernen Ihre Liebsten neu kennen. Sie suchen mehr Antworten. Sie lesen langsamer. Sie hören auf, über andere zu reden. Sie entwickeln sich. Sie akzeptieren, dass alles vergeht. Sie gehen dem ewigen Leben entgegen. Sie hinterlassen Spuren. Sie werden zärtlicher und zufriedener. Sie sind einmalig da.

Genügt das? Es gebe da noch manches, aber da Sie das Buch nicht weggelegt haben und sich scheinbar doch nicht davon abhalten lassen, diese Zeilen zu lesen, also gut, dann hinein ins *Abenteuer*.

benno
Sr. Teresa
Zukic
Hab Mut
für das
Abenteuer!
40
Herzensschritte
zum
Glück

Mit dem Sohn Gottes wird es nie langweilig

Kann christlicher Glaube wirklich in unserer Zeit abenteuerlich sein? Eines ist sicher, langweilig wird es für Gläubige mit dem Sohn Gottes nicht, allen Vorurteilen zum Trotz. Natürlich, manchmal kann man einen solchen Eindruck schon gewinnen, wenn man in manche Gemeinden schaut und sich irgendwie die Frage stellt, wo das Feuer geblieben ist. Das Christentum war von Anfang an abenteuerlich. Irgendjemand, so scheint es, muss den Stecker aus der Leitung gezogen haben, und uns ist die langweiligere Variante geblieben. Oberflächlich betrachtet. Aber vielleicht gehören Sie nicht zu den ewigen Nörglern über andere, sondern Sie lassen sich ganz ehrlich fragen: Wie sieht es denn mit meinem ganz persönlichen Leben aus? Ist da ein Feuer, das auch brennt? Gibt es eine Leidenschaft, eine Verliebtheit, die mich trägt und befähigt, im Alltag diese innere Freude zu finden, aus dem Glauben heraus zu leben, Jesus zu finden? Dieses Buch möchte Sie zurück in Ihren Alltag entführen, da, wo sich Ihr Glaubensleben abspielt und Sie zum Abenteuer einlädt. Haben Sie Lust auf ein solches Abenteuer?

Doch Vorsicht! Es ist immer gefährlich, sich auf den Heiligen Geist einzulassen, denn wenn der wirklich kommt, könnte er einen neuen Schwung, neue Dynamik, neue Kreativität in Ihr Leben bringen. Eben all das, was das bequeme, langsame und gewohnte „Christsein" oder gar das „Atheistsein" infrage stellt und durcheinanderbringt. Eines ist klar: Es gibt keinen größeren Klebstoff als die Gewohnheit. Wer also Brüderschaft mit der Gewohnheit getrunken hat, sollte von vornherein die Finger von diesem Buch lassen. Stellen Sie es zurück ins Regal. Machen Sie einen großen Bogen drum herum. Löschen Sie es aus Ihrem Gedächtnis. Denn: Es ist lebens-gefährlich! Ich möchte Ihnen hier kein theologisches Abc vorführen oder den Katechismus erklären. Ich möchte nur ein paar Minuten Ihres Herzens. Ich möchte, dass Sie berührt werden und anders zu leben beginnen als vor diesen Zeilen.

Entdecken Sie die Kleinheit
und gewinnen Sie Größe!

Wir Menschen sind der größte Schatz für Gott

Was soll ich? Freundschaft mit mir selbst leben? Wundern Sie sich nicht. Ich könnte Sie auch anders fragen: „Sind Sie gerne mit sich selbst befreundet?“ oder: „Wären Sie gerne mit sich selbst befreundet?“.

Wie wird Ihre Antwort ausfallen? „Manchmal“, „Nicht immer“, „Im Großen und Ganzen“?

Mit sich selbst befreundet zu sein heißt, das Glück zu erleben, kostbar zu sein. Für jemanden sind Sie das Kostbarste der Welt, einzigartig, unwiederbringlich, einmalig, erwartet, gewollt, berufen, auserwählt. Leider wissen viele Menschen nicht, dass die Liebe auf sie wartet.

Wir Menschen sind der größte Schatz für Gott auf dieser Welt. Die Engel beneiden uns sogar, so heißt es jedenfalls in der Bibel. Und noch mehr. Unser Leib, so heißt es da, ist der Tempel des Heiligen Geistes. Wie gehen Sie mit diesem kostbaren Gut um?

Fangen Sie an,
sich so zu sehen,
wie Gott Sie sieht:
unendlich schön!

„Herr, vergib ihnen …“

Es ist nun mal eine Tatsache, wenn ich mich selbst nicht lieb habe, wird es mir doch schwerfallen, einen anderen zu lieben. Und wenn ich mir selbst nicht gut bin, wie soll ich denn dann gut zu anderen sein können? Wenn ich mir nichts gönne, gönne ich anderen in der Regel auch nichts! Wenn ich nicht selbst mit mir Freundschaft halte, wie könnte ich da Freund oder Freundin für andere sein? Wie wertvoll fühlen Sie sich in Ihrer Haut? In Gottes Augen sind Sie so kostbar, dass er sich einiges hat einfallen lassen, um Sie ins Leben zu rufen. Mal abgesehen vom Aufwand, ein unendliches Universum zu erschaffen, die kleine Milchstraße, in der sich unser winziger Planet befindet und seit Millionen von Jahren seine Kreise zieht. Gar nicht zu sprechen von der Schönheit der Schöpfung, dem fantasievollen Reigen der unterschiedlichsten Kontinente und Nationen, den saftigen Früchten und der Vielfalt der Tiere, die der gesamten Menschheit das Überleben sichert. Nicht zu vergessen, dass wir kostenlos Luft atmen dürfen und diese mit jedem Baum und Grashalm und jedem Menschen jeder Kultur und Rasse teilen, auch wenn er im entlegensten Winkel dieser gemeinsamen Mutter Erde wohnt. Nein, Gott hat neben all diesen Dingen, die uns zu selbstverständlich erscheinen, sein Bestes, sein Kostbarstes für Sie gegeben: seinen Sohn. Dieser Jesus hat sich so sehr in die Menschen verliebt, dass er bereit war, sein Leben für jeden von uns hinzugeben, obwohl er die Menschen in all ihren Abgründen kennengelernt hat, in ihrer Bösartigkeit und Brutalität. So sehr liebte er, dass er fähig war, am Kreuz zu sagen: „Herr, vergib ihnen, sie wissen nicht, was sie tun.“

Gott hat neben all diesen Dingen, die uns zu selbstverständlich erscheinen, sein Bestes, sein Kostbarstes für Sie gegeben: **seinen Sohn.**

Wir sind gerettet

Er hätte auch sagen können: „Schick sie alle in die Hölle – sie kapieren es einfach nicht! Sie verstehen nicht zu leben, zu lieben und zu vergeben."

Er sichert uns ein Leben zu, das uns weit über den irdischen Tod hinaus eine Zukunft sichert.

Er verliebte sich in uns schwache Geschöpfe und es war ihm egal, mit welchen Sünden wir uns und andere unglücklich gemacht haben. Er hat einfach alle auf sich genommen.

Stellen Sie sich vor, Ihr Kind käme eines Tages zu Ihnen und würde zu Ihnen sagen: „Du, Mama, du, Papa, ich hab mich in die Menschen verliebt und ich werde für sie sterben!" Wie würden Sie reagieren?

Gott hat es nicht kaltgelassen, seinen Sohn sterben zu sehen. Kein Vater kann das. Er hat sein eigenes Herz am Kreuz eingesetzt, sein Fleisch und Blut hingegeben, weil wir ihm unendlich kostbar sind. Weil nicht einer von uns verloren gehen sollte. Jesus hat jedem eine Zukunft gegeben, selbst jenen, die keine Zukunft haben.

Es kann uns nichts mehr passieren! Wir sind aus dem Schneider, erlöst, gerettet, ein für alle Mal. Der Tod hat nur noch einen schlechten Ruf. Normal wäre es jetzt, dass Sie sich freuen und ausflippen, Ihr Leben in die Hand nehmen, losgehen und allen von dieser unglaublichen Liebe berichten und voll Freude leben. Warum Sie das nicht tun? Das sollten Sie sich mal ernsthaft fragen!

Natürlich ist das nicht ganz so einfach mit dem Glauben an einen Gott, der uns unendlich liebt. Die meisten hören nicht einfach die Stimme Gottes oder haben eine himmlische Erscheinung, womöglich noch „à la Hollywood". Natürlich könnte Gott so etwas. Und unter uns: Er hat das auch schon oft genug gezeigt in den letzten 5.000 Jahren! Er könnte jetzt in diesem Moment, in dem Sie diese Zeilen lesen, an den Wänden Ihres Zimmers rütteln, den Zug oder das Flugzeug mehr als sonst zum Schwanken bringen, ein kleines Erdbeben machen, mit Feuerzungen um sich werfen. Er könnte die Welt erschrecken mit seiner Herrlichkeit und unvorstellbaren Macht, damit der letzte Zweifler verstummt. Aber würden sich die Menschen dann wirklich aus Liebe zum Guten und zu Gott bekehren oder vielmehr aus Angst vor ihm leben, wenn sie Ihn in solcher irdischen Gewalt erleben würden?

Eine Erfahrung ist offensichtlich: Er macht kein Event daraus. Gott ist ein Gentleman. Er kommt nicht spektakulär. Pompös. Er drängt sich niemandem auf. Er will auch Ihnen keine Angst machen. Er kommt als kleines „Bobbelchen" auf die Welt.

Vor diesem Christkind braucht sich niemand zu fürchten. Und dieses Kind ist herangewachsen und hat eines Tages allen, die Gott suchen, ein unglaubliches Geheimnis anvertraut: „Wer mich gesehen hat, hat den Vater gesehen" (Joh 14,9).

Jesus hat jedem
eine Zukunft gegeben,
selbst jenen,
die keine Zukunft haben.

Sie wollen wissen, wie Gott wirklich ist?

Dann schauen Sie sich das Leben des Jesus von Nazaret genau an, lesen Sie jedes einzelne Wort, das er gesagt und was er getan hat, und fangen Sie an, es auszuprobieren. Die Sache mit Jesus ist die Sache mit Gott. Doch noch einmal: Gott ist ein Gentleman. Er möchte, dass die Menschen Ihn freiwillig finden, freiwillig lieben, Ihm freiwillig ohne Zwang und Druck nachfolgen. Denn das wirklich Eindrucksvollste, was Gott uns geschenkt hat, ist die Freiheit. Wir haben die Freiheit, alles zu entscheiden, jeden Moment unseres Lebens. Nicht nur, ob wir morgens Kaffee oder Tee trinken wollen, Sport oder Computerspiele lieben, Rot oder Schwarz wählen, mit wem wir unser Leben verbringen wollen, sondern auch für welches Lebensprinzip wir uns entscheiden, ob wir mit oder ohne Gott leben wollen.

Gott würde niemals unsere Freiheit missbrauchen und sich einmischen, wenn wir ihm das nicht ausdrücklich erlauben, wenn wir ihn nicht einladen in unser Leben. Seltsam ist nur, dass immer dann, wenn eine Katastrophe in der Welt geschieht, gerade die am lautesten nach Gott schreien und ihn verantwortlich machen wollen, die ansonsten überhaupt nichts mit Gott am Hut haben, die Gott aus ihrem Leben verdrängt haben, die nicht mal mehr Respekt vor religiösen Zeichen haben, die Gott nicht an ihr Leben heranlassen. Wenn aber etwas Schlimmes in der Welt passiert ist, dann soll Gott gefälligst (ein-) springen, wenn es „Ihn“ denn wirklich gibt. „Aber ansonsten lass uns bitte in Ruh! Misch dich nicht in unser Leben ein!“

In zweierlei Hinsicht scheinen die meisten Gott sowieso nicht mehr an sich ranzulassen: bei der Sexualität und den Finanzen! Gott ist ein geduldiger Gentleman. Traurig ist nur, dass viele Menschen nur dann bereit sind, sich auf Gott einzulassen, wenn es im wahrsten Sinne um Leben oder Tod geht, wenn das Schicksal einen erwischt hat, wenn eine Lebenskrise uns aus der Bahn wirft, eine Krankheit sich ankündigt, der Arbeitsplatz bedroht ist. Nicht der kleine selbstverständliche Zauber des Alltags weckt das Interesse, sondern nur, was mit Leid zu tun hat.

Dann suchen Menschen die Nähe dieses Gottes. Dann wäre es gut, sich bei *Ihm* sehen zu lassen.

Gott ist ein geduldiger **Gentleman.**

Gott liebt Sie!

Dann, wenn wir etwas brauchen, das wir selbst nicht in der Hand haben, nicht machen können. Wie Gott sich wohl fühlt, wenn wir so mit ihm umgehen, dass wir Ihn nur aus Pflichtbewusstsein besuchen? Er, der Lebendige, der Kreative, der Sehnsucht nach seinen Geschöpfen hat, für die er jeden Tag die Sonne aufgehen lässt.
Sie sind Ihm kostbarer als sein eigenes Leben! Kann man mehr Beweise der Liebe für einen anderen erbringen? Fangen Sie an, sich so zu sehen, wie Gott Sie sieht: unendlich schön! Er kennt alles an Ihnen, er hat jedes einzelne Haar an Ihnen gezählt und weiß, wenn Sie eines davon verlieren. Ich werde Ihnen jetzt einen Satz schreiben, der Ihr Leben verändern kann.
Aufgepasst! Machen Sie Ihr Herz und die Ohren Ihrer Seele auf: „Gott liebt Sie!“
„Gott liebt Sie!“
Warum Sie nicht aufspringen und anfangen zu tanzen? Jemand meinte einmal dazu: „Das wissen wir doch schon!“ Komisch, dachte ich, wenn wir das alle wirklich wissen, warum ist es dann noch so kalt in dieser Welt und sind so viele Menschen immer noch unglücklich? Bei einigen scheint die Entfernung vom Kopf zum Herzen einige Kilometer zu betragen, statt zwanzig Zentimeter. Und merkwürdigerweise findet man die wirklich frohen Gesichter unter denen, die am wenigsten auf dieser Welt besitzen. Gott liebt Sie ohne Wenn und Aber. Gibt es jemanden, der Sie so bedingungslos liebt und Sie erträgt, wenn Sie sich selber nicht mehr leiden mögen?
Fangen Sie an, Freundschaft mit sich zu leben. Dann könnten Sie den nächsten Schritt des Abenteuers wagen.
Fragen: Bin ich mit mir selbst befreundet? Lasse ich Gott an mich heran? Glaube ich ihm, dass er mich wirklich liebt?

Gott liebt Sie ohne Wenn und Aber.

Schlagen Sie die Bibel auf!

Ein kluger Mensch hat einmal gesagt, dass sich niemand ernsthaft Christ nennen kann, der nicht die Bibel liest. Gewiss sind nicht alle Bücher der Bibel sofort verständlich und werden Sie gleich vom Hocker hauen. Aber Sie könnten ja einfach mit dem beginnen, was eine Allgemeingültigkeit für alle Menschen hat: die Bergpredigt. Mit ihr begann auch mein Glaubensleben. Ich war gerade 18 Jahre alt und befand mich in einem Sportinternat, um Abitur zu machen. Ich hatte noch nie in der Bibel gelesen. Und seitdem ist kein Tag vergangen, an dem ich sie nicht gelesen habe. Ich schlug damals die Seligpreisungen auf und war fasziniert. Natürlich frage ich mich manchmal, was gewesen wäre, wenn ich „Sodom und Gomorra“ aufgeschlagen hätte. Aber Gott wollte, dass ich mit der Bergpredigt beginne. Vielleicht probieren Sie das auch mal. Schlagen Sie die Bibel auf, das Neue Testament, und fangen Sie an zu lesen.

Wenn Gott mir heute ein Problem schickt,
dann wird er mir auch die Kraft geben,
dieses Problem zu lösen.

Es ist abenteuerlich, die Bibel zu leben

Alles, was mir gefallen hat, begann ich zu unterstreichen: „Gelb“, was mir besonders gut gefiel, „Grün“, was ich gut fand, und „Rot“, was ich nicht verstand, und „Schwarz“, was ich ungeheuerlich fand! Wie kann man denn so was leben, dachte ich oft. Bald war ein froher Farbteppich entstanden. Manche Worte hatte ich noch nie gehört, manche Aufforderungen fand ich unmöglich umzusetzen, aber gerade das forderte mich heraus. Ich versuchte, das zu praktizieren, was ich verstand, und da genügte manchmal ein Satz: „Richte nicht, damit auch du nicht gerichtet wirst.“ Also bemühte ich mich an diesem Tag, niemanden zu verurteilen. Am nächsten Tag probierte ich etwas anderes aus. Und das Überraschende: Es funktionierte wirklich! Unglaublich! Es war abenteuerlich, die Bibel zu leben. Natürlich versagte ich auch, und das zeigte mir einfach, was ich noch alles lernen musste. Aber dieser Friede, den mir diese Worte brachten, und die Ideen, wie ich meinen Tag gestalten konnte, waren belebend und aufregend. Ich las: „Wenn dich einer zwingen will, eine Meile mit ihm zu gehen, dann geh zwei mit ihm“ (Mt 5,41). An diesem Morgen wollte meine Freundin, dass ich Brötchen hole, aber es sollten genau diese bestimmten sein, die sie mochte. Ich musste in drei Bäckereien fahren, bis ich die Brötchen hatte. Früher hätte ich ihr wahrscheinlich irgendwelche Brötchen gebracht, weil es „ihre“ nicht gab. Ich fuhr also durch die Stadt und ich empfand Glück darin, dass sie nicht wusste, wie viele „Meilen“ ich wegen dieser Brötchen auf mich genommen hatte.

9

„Wenn dich einer zwingen will,
eine Meile mit ihm zu gehen,
dann geh zwei mit ihm.“ (Mt 5,41)

Das Antistress-Evangelium

Inzwischen gibt es viele Stellen in der Bibel, die mich begeistern. Dieses Buch der Bücher ist voll davon, dennoch habe ich eine absolute Lieblingsstelle: Joh 8,1–11.
Diese Geschichte liebe ich wirklich über alles, und wahrscheinlich werden Sie sich jetzt wundern, welche das ist. Ich habe sie für mich das „*Antistress*-Evangelium" genannt. Also einfach eine Stelle, die uns zeigt, wie wir mit Stress umgehen können. Es ist: Jesus und die Ehebrecherin!
Jesus hat mir darin gezeigt, wie man mit schwierigen Entscheidungen umgehen kann. Schließlich müssen wir ja jeden neuen Tag so viele Entscheidungen treffen, und das oft ganz spontan, aber ob wir immer richtig entscheiden?
Der Inhalt ist schnell erzählt. Da wird eine Frau beim Ehebruch ertappt und vor Jesus geführt, und das von Männern! Eigentlich gehören zu einem Ehebruch immer zwei! Was mit dem Mann passiert ist, bleibt unbekannt und gibt Stoff für ein neues Buch, aber Ernst beiseite!
Wenn Jesus wirklich der ist, für den er sich ausgibt, dann müsste er jetzt genau wissen, was mit der Ehebrecherin geschehen muss. Nach dem Gesetz war die Strafe für Ehebruch nämlich Steinigung. Auch heute noch ist dies leider in manchen Ländern üblich. Man wollte aber nicht nur die Frau bloßstellen, sondern auch Jesus in die Falle locken. Wie wird Jesus, der Rabbi, reagieren, was wird er sagen, wird er das Gesetz zitieren und damit zeigen, dass er sich auskennt? Jesus wird zu einer Entscheidung genötigt. Bei dieser Entscheidung ging es im wahrsten Sinne des Wortes um Leben und Tod. Er soll im Grunde „Ja" zur Todesstrafe sagen! Wenn das kein Stress ist?

Jesus hat mir gezeigt,
wie man mit
schwierigen Entscheidungen
umgehen kann.

„Wer ohne Sünde ist, werfe als Erster einen Stein auf sie!“

Wie geht Jesus Christus, der Sohn Gottes, mit dieser Art von Stress um, mit dieser Entscheidung? Sicher anders als die Menschen es damals und wir heute erwartet hätten. Er reagiert erst mal überhaupt nicht, er sagt absolut nichts. Er, so heißt es in der Bibel, antwortet nicht, sondern er setzt sich auf den Boden und beginnt, im Sand zu malen. Na toll! Und obwohl er zu einer Entscheidung gedrängt wird, lässt er sich alle Zeit der Welt. Sagenhaft. Ich finde das unglaublich. Er sitzt am Boden und malt wie ein Kind im Sand und er entspannt sich. Er steht nicht auf und er sagt nichts, bis er – so würden es wohl die Menschen heute nennen – eine kreative Antwort hat, und das war wohl die kreativste Antwort der Welt: „Wer ohne Sünde ist, werfe als Erster einen Stein auf sie!“

Eine Entscheidung im Zustand des Stresses treffen? Lieber nicht. Erst mal entspannen, liebe Leute! Interessant ist, dass Malen wirklich entspannt. Wenn man in der Schule eine Geschichte erzählen will, fragen die Schüler oft, ob sie dabei malen könnten. – „Mandala“ malen ist „in“. Malen ist eines der wichtigsten therapeutischen Mittel, um sein Innerstes zu klären.

Ich male aber auch, wenn ich länger telefoniere und einen Kuli in der Hand halte, ganze Blätter sind dann oft vollgekritzelt. Ich beruhige mich total dabei. Eben entspannen! Vielleicht ist das gar nicht so verkehrt, was Jesus da macht. Ich muss nicht sofort entscheiden, sondern erst dann, wenn ich zur Ruhe gekommen bin und eine kreative Lösung habe. Im Wort „kreativ“ steckt das Wort „Creator“ – aus dem Lateinischen abgeleitet „creare“, etwas schaffen ... Wer könnte besser alle Probleme dieser Welt und der Menschen lösen als jener Gott, der sie geschaffen hat?

Das Problem bei uns Menschen ist, dass wir aber genau dann, wenn wir im Stress sind, oft blockiert sind und nicht frei genug, um neue kreative Ideen hervorzubringen und eine angemessene Entscheidung zu treffen. Oft sind wir dann aufgeregt und müssen erst wieder durchatmen, ausruhen, eine Nacht drüber schlafen, Sauerstoff tanken, joggen, bügeln, musizieren, Kaffee trinken usw., um die Lösungen zu finden.

Wer könnte besser
alle Probleme
dieser Welt
und der
Menschen lösen
als jener Gott,
der sie
geschaffen hat?

Kleine und große Entscheidungen

Wann haben Sie am Tag Ihre besten Ideen? In entspanntem Zustand oder unter Lösungsdruck? Interessant ist, dass viele Firmen, die beschließen, neue innovative Ideen für ihr Unternehmen zu entwickeln, dies eben nicht am „grünen Tisch“ tun, sondern zu einem Seminar, einem Kreativtag, in ein schönes Haus fahren, in ein Hotel im Grünen oder in ein Kloster. Wenn dann das Team in einem entspannten Zustand ist, geht's los, und die Ideen kommen nur so geflogen.
Es muss nicht immer um Tod oder Leben im strengen Sinne gehen, wenn wir Entscheidungen treffen müssen! Ganz alltägliche Dinge, die von uns eine Entscheidung abverlangen, können uns aus der Bahn werfen. Nehmen wir einfach mal an, da käme jemand mit der Botschaft zu Ihnen: „Stell dir vor, die Frau Sowieso lässt sich jetzt auch scheiden. Ist doch unmöglich, was sagst du dazu?“ Und vielleicht werden Sie auch bedrängt. „Ich hab gleich gewusst, dass das schiefgeht. Das ist doch eine Furie. Du kennst die doch!“ Sie stünden nun vor der Entscheidung, entweder etwas dazu zu sagen oder lieber zu schweigen. Meistens wird schon genug geredet, wenn etwas zerbrochen ist.
Eigentlich stünde es uns gar nicht zu, das auch noch zu kommentieren. Wenn wir nicht wissen, was wir sagen sollen, und vielleicht auch gar nichts Näheres wissen und es uns auch gar nicht zusteht, könnten wir als Christen höchstens sagen: „Lass uns für die Familie beten.“ Denn sicher wird schon genug geredet, und wie schnell ist man in einen Rufmord verwickelt. Ja, hier geht es auch um einen Mord. Also: Finger weg, Klappe zu und positiv handeln. Jeder Tag hat eine Fülle von Situationen, bei denen es um kleine oder große Entscheidungen geht.

Finger weg, Klappe zu und *positiv* handeln!

„Hurra – ein Problem!"

Schwieriger ist es, wenn es um dringende Lösungen geht, von denen andere betroffen sind. Mir selbst ist einmal als Referentin in dieser Hinsicht etwas sehr Unangenehmes passiert. Ich hatte zwei Gemeinden am gleichen Tag einen Vortrag zugesagt. Einen Vortrag bei einem großen Frauenfrühstück in Bayreuth und einen Besinnungstag in Bamberg. Beide Orte sind etwa 100 km voneinander entfernt. Als ich das bemerkte, erschrak ich sehr, und ich merkte, wie mein Blutdruck stieg. Sofort rief ich in Bayreuth an und fragte, ob der eine Vortrag sich vielleicht verschieben ließe. Man gab mir die Auskunft, dass schon zweihundert Anmeldungen vorlägen und dass bereits ein Presseartikel in der Zeitung erschienen wäre. Es sei daher unmöglich, den Vortrag zu verschieben. Als ich in Bamberg anrief, das Gleiche. Man bekäme das Haus nur an diesem Tag und der Bus wäre schon bestellt. Natürlich waren alle beunruhigt darüber, wie ich mich jetzt entscheiden würde. Ich hatte einen kleinen Schock und war wirklich aufgeregt. Stress pur! Was mach ich jetzt bloß? Wie sollte ich mich entscheiden? Wie konnte mir dieser Fehler nur unterlaufen? Ich war blockiert und völlig unfähig, einen klaren Gedanken zu fassen, und hätte doch meine gute Laune und Kraft gebraucht, meiner besorgten Gesprächspartnerin zu versichern, dass sich gewiss eine Lösung finden ließe. So leicht ging das aber nicht, ich kann mich ja nicht teilen. Ich war aufgelöst und versuchte, in meiner Gemeinschaft Hilfe zu suchen, aber alle schauten mich ebenso hilflos an, bis mir das geliebte Evangelium mit der Ehebrecherin einfiel. Na klar! Erst mal entspannen! Mach's wie Jesus. Dafür ist doch die Bibel da. Sie ist für uns da. Menschen haben die kostbaren Worte und Taten Jesu gesammelt und niedergeschrieben, damit wir die Frohe Botschaft des liebenden Gottes schwarz auf weiß haben. Damit wir diesem Jesus begegnen können und auf ihn zu hören lernen. Damit wir anfangen, so zu leben, zu handeln, zu lieben wie dieser Jesus von Nazaret, der uns seinen Geist versprochen hat, den kreativen, fantasievollen, unerschöpflichen Ratgeber. Um ihn aber wirken zu lassen, müssen wir uns selbst loslassen. Ich weiß gar nicht, wo dieser Größenwahnsinn von uns Menschen herkommt zu meinen, wir könnten alle Probleme dieser Welt selbst lösen. Inzwischen habe ich die Erfahrung gemacht, dass ich zu anfallenden Problemen auch „Hurra – ein Problem!" sagen kann und nicht gleich ausflippe. Früher dachte ich: „Auch das noch!" Wenn Gott mir heute ein Problem schickt, dann wird er mir auch die Kraft geben, dieses Problem zu lösen. Er wird mir sogar helfen, die Probleme zu lösen, die ich mir selber mache. Vorausgesetzt, ich lasse ihn auch machen. Die Grundlage zur Lösung von Problemen hat er uns ja schon mitgegeben: unseren Verstand, der uns manchmal im Wege stehen kann, das Gewissen, das uns sagt, was falsch und richtig ist, und seinen heiligen, kreativen Geist.

Na klar! Erst mal entspannen!
Mach's wie Jesus.

Sie dürfen sich Zeit lassen!

In diesem speziellen Fall genügte es, mich erst mal zu beruhigen und etwas Entspannendes zu tun und später zu beten, vertrauend darauf, dass Gott schon eine Lösung hatte, auch wenn ich noch wie vor einer Wand stand. Ich glaube, ich hab mich damals mit Musizieren entspannt, und tatsächlich kam mir die richtige Idee, wie ich mein Problem mit den zwei Gemeinden lösen könnte.

Wir hatten den ersten Vortrag, den ich zu halten hatte, auf Video aufgenommen. Meine Mitschwester ist nach Bamberg gefahren und hat ihn per Beamer auf Leinwand projiziert und gezeigt, während ich in Bayreuth meinen Vortrag hielt. Dann bin ich nach Bamberg gedüst und habe den Besinnungstag zu Ende gehalten. Alle hatten ihren Spaß, denn ich war ja gegenwärtig in Lebensgröße, wenn auch über Video, umso mehr freuten sich die Beteiligten, als ich dann selbst erschien. Nichts musste verschoben werden oder ausfallen. „Danke, Herr, das war wirklich eine tolle Lösung, und ich musste niemanden enttäuschen." Vielleicht ist Ihnen das auch schon mal so ergangen. Sie standen vor einer schwierigen Situation und wurden zu einer Antwort gedrängt. Denken Sie daran, Sie dürfen sich Zeit lassen, bis Sie eine kreative Entscheidung treffen können. Sie müssen sich nicht selbst überfordern. Mir hat dieses Wissen schon oft geholfen. Ich erhalte viele Anrufe, bei denen Menschen mich bitten, zu Vorträgen, Veranstaltungen oder ins Fernsehen zu kommen, und sie sind dabei manchmal sehr aufdringlich. Ich gestatte mir manchmal zu sagen: „Ich denke darüber nach, ich bete erst mal und gebe dann Bescheid." Gerade weil ich ein sehr spontaner und temperamentvoller Mensch bin, tut es mir gut zu wissen, dass ich nicht immer sofort entscheiden muss. Das kann auch passieren, wenn Menschen mit mir ein Gespräch führen wollen, ich aber an diesem Tag einfach nicht in der Lage dazu bin. Dann sag ich ganz ehrlich: „Jetzt geht es nicht, ich komm gerne wieder auf dich zu, nur nicht heute." Wir sind nicht jeden Tag gleich gut drauf. Manchmal ist unser Selbstbewusstsein dreihundert Meter hoch, aber es gibt auch Tage mit drei Zentimetern, und dann sind wir nicht fähig, Kritik zu ertragen, wichtige Entscheidungen zu treffen oder ein guter Gesprächspartner zu sein. Gestehen wir uns zu, Menschen zu sein, die ab und zu erst mal wieder die innere Mitte finden müssen, um für alle da sein zu können. Inzwischen weiß ich auch, dass nicht nur Frauen ihre Tage haben, auch die Männer haben ihre, an denen sie besser nicht mit Dingen konfrontiert werden sollten.

Gestehen wir uns zu, Menschen zu sein,
die ab und zu erst mal wieder die innere **Mitte**
finden müssen, um für alle da sein zu können.

Er steht für sie ein …

Aber zurück zur Ehebrecherin! Nicht nur wegen dieses Hinweises, den Jesus mir gibt, wie ich in stressvollen Situationen reagieren kann, sondern wegen einer zweiten Erkenntnis liebe ich diese Geschichte sehr: Die Ehebrecherin, die „Sünderin“, steht ganz alleine, und alle Ankläger bedrohen sie. Sie haben nicht nur den erhobenen Zeigefinger, mit dem sie sich als Moralapostel aufspielen, sondern sogar Steine in der Hand. Die ganze Härte ihres Herzens haben sie da in der Hand und haben ihr Urteil bereits gesprochen. Und da geschieht etwas Wunderbares. Einer steht für Sie auf! Jesus Christus. Und er lässt nicht zu, dass man diesen Menschen verurteilt, obwohl er weiß, dass sie schuldig ist und vielleicht eine Strafe verdient hätte. Er steht für sie ein, auch wenn sie ihm ganz unbekannt ist. Wie tröstlich. Denn was Jesus für diese Frau getan hat, wird er für jeden einzelnen Menschen tun. Er wird für uns einstehen, Partei ergreifen, uns verteidigen. Sichtbarer als am Kreuz konnte er das nicht zeigen. Die Sehnsucht, dass einer uns in Schutz nimmt, obwohl wir schuldig sind, ist etwas unbegreiflich Schönes. Sie sehen an diesem Beispiel einer Geschichte aus der Bibel, wie aktuell das alles ist, auch wenn die Botschaft schon 2.000 Jahre alt ist. Die Faszination Bibel bleibt und kann lebendig werden. Ich möchte Sie ermuntern, nicht nur in der Bibel zu lesen, sondern Bibel zu werden. Die Botschaften der Bibel ganz konkret für ihr Leben anzuwenden und umzusetzen. Am einfachsten ist es, wenn wir in die Rolle der Personen der Bibel hineinschlüpfen.

Selbst in den Anklägern, wie in unserer Geschichte, können wir uns wiederfinden. Wer hatte nicht schon mal einen Stein in der Hand und war vorschnell in seinem Urteil gegenüber anderen? „Jetzt gehört dem aber …“ Wenn Worte Steine wären, würde manches Pfarrhaus, Amtszimmer oder Büro nicht mehr stehen, mancher Mensch nicht mehr leben.

Ein einziges Wort kann scharf wie ein Schwert sein und im wahrsten Sinne des Wortes jemanden „umbringen“. Aber jedes einzelne Wort kann auch heilen und trösten und uns retten, so wie das von Jesus. Ist das nicht abenteuerlich?

Fragen: Glaube ich an Gottes Wort in der Bibel? Lese ich in der Bibel, um Lösungen für mein Alltagsleben zu finden? Von wem lasse ich mich bei Entscheidungen leiten?

Ich möchte Sie ermuntern,
nicht nur in der Bibel zu lesen,
sondern Bibel zu werden.

Loben statt jammern

Wenn Sie angefangen haben, wieder neu Freundschaft mit sich zu pflegen, jeden Tag einen Satz aus der Bibel umzusetzen, kommen wir zum dritten Schritt auf dem Weg in ein abenteuerliches Leben mit Gott: Zum Loben! Loben? Ich weiß, uns ist nicht immer zum Loben zumute. Das stimmt. Man könnte fast meinen, dass in Deutschland eher das Gegenteil zutrifft. Es wird gejammert auf „Teufel komm raus“: Das Wetter ist zu schlecht, die Benzinpreise zu hoch. Es scheint uns allen sehr schlecht zu gehen, allerdings auf einem sehr hohen Niveau. Es wird gejammert was das Zeug hält, und anscheinend scheint die halbe Republik auszuwandern, glaubt man verschiedenen Fernsehreportagen. Es gibt aber auch einen anderen Weg. Einen wirklich abenteuerlichen Weg. Nämlich den Weg der Zufriedenheit durch das „Loben Gottes“. Wie das geht?
Eigentlich ganz einfach. Aber Tatsache ist nun mal, dass wir Menschen sehr schnell mit dem Bitten sind, weil wir dieses oder jenes brauchen. Aber wie oft sagen wir „Danke“ zu diesem Gott oder loben ihn selbstlos? Nicht weil wir wieder etwas brauchen, sondern einfach nur weil er unser Vater ist, der Schöpfer. Das geht schon allein beim Beten los. Bevor Gott überhaupt eine Chance hat, uns was zu sagen, haben wir ihn oft mit unseren Wünschen und Sorgen „zugemüllt“.

Viele **Geschichten** könnten
Ihnen Christen erzählen,
die Gott loben und
ihre **Wunder** mit Gott erleben.

Zeit zum Loben

Das Problem ist, dass wir Menschen ununterbrochen „babbeln“. Von morgens bis abends – mit uns selber! Das glauben Sie nicht? Meinen Sie, dass das nur die ältere Generation tut? Nee. Wir reden den ganzen Tag mit uns selber und sprechen uns alles vor: „Noch 5 Minuten – was zieh ich bloß an – fahr doch – das muss ich auch noch besorgen.“ Fangen Sie an, sich zu beobachten, oder besser, in sich hineinzuhören. Wir reden ständig mit uns. Auch beim Beten. Und wenn Sie mal ganz ehrlich ihre Gespräche mit sich selber analysieren, dann fragen Sie sich mal, wie viel davon eigentlich Bitten und Klagen oder Unzufriedenheit ist und wie oft Sie am Tag Gott danken und zum Lobpreis kommen. Nicht dass Sie mich falsch verstehen! Klagen, Bitten, Trauern haben einen wichtigen Platz in unserem Leben. Alles hat seine Zeit. Wann ist aber Zeit zum Loben? Loben kann Ihr Leben nämlich verändern, abenteuerlich machen, wie Sie sich das noch nie ausgemalt haben. Ein Gebet dauert unter Umständen nur 30 Sekunden und könnte doch Ihr Leben verändern. Oder fünf Minuten! Fünf Minuten können sehr lang sein, wenn Sie im Stau stehen, beim Zahnarzt, bei einer langweiligen Predigt oder in einer langweiligen Unterrichtsstunde. Fünf Minuten im Regen auf den Bus zu warten oder in der Einkaufsschlange, wenn Sie es eilig haben. Schreckliche fünf Minuten. Fünf Minuten können aber auch sehr kurz sein, wenn Sie mit Ihrer besten Freundin telefonieren, einen schönen Sonnenuntergang betrachten, in einem Konzert oder schönen Film sind oder mal im Mittelpunkt stehen. Was sind da fünf Minuten? Gar nichts. Fünf Minuten am Tag Gott loben? Selbstlos! Ohne Hintergedanken. Nicht weil sie wieder etwas brauchen. Einfach nur so. Sie werden sich täglich besser fühlen. Vielleicht kommen Sie dann auf den Geschmack und denken: „Ist das nicht ein kleines bisschen zu wenig? Fünf Minuten für Gott?“ Gut, wenn Sie so denken. Dann machen Sie’s doch länger. Viele Menschen sagen mir, dass es schwer ist, Zeit zum Beten zu finden. Wenn der Tag hektisch ist, der Alltag einen auffrisst. Wenn man abends geschafft heimkommt und sich erst mal entspannen muss, vielleicht die „Kiste“ einschaltet und das Rumzappen beginnt, um nach Stunden festzustellen, dass wieder überhaupt nichts los ist. Arme Zeitverschwendung! Komisch, für alles finden wir Zeit, selbst zum Beten, aber nicht zum Loben. Genügt es nicht, dass wir in die Kirche gehen?

Ein Gebet dauert unter Umständen nur 30 Sekunden und könnte doch Ihr Leben verändern.

Nichts zu verlieren

Ich möchte Ihnen ein Beispiel erzählen. Sie bekommen Besuch, und während des ganzen Gespräches haben Sie den Eindruck, dass der Gesprächspartner sich überhaupt nicht für Sie interessiert, er redet ununterbrochen. Hinterher fragen Sie sich, was der überhaupt von Ihnen wollte. Mehr als ein Gewohnheitsbesuch war das nicht. Manchmal frage ich mich, wie Gott sich fühlen muss, wenn wir ihn aus Gewohnheit besuchen. Es ist ja gut, sich manchmal bei ihm sehen zu lassen. Als ob Gott das nicht merkt? Er ist doch voller Sehnsucht zu Ihnen. Er will mit Ihnen leben. Er weiß, warum Sie da sind oder fehlen. „Er ist doch nicht blöd!"

Manchmal kommt Gott mir vor wie ein Bettler. Er bettelt um Herzen, die ihm vertrauen und an ihn glauben. Gott zählt gewiss nicht die Beter, er zählt nur die Herzen.

Wir können ihm in jeder Situation begegnen und jede Situation zum Loben unseres Herrn nutzen. Sie fahren zum nächsten Einkaufszentrum. Der letzte Parkplatz wird Ihnen vor der Nase weggeschnappt. Es gibt zwei Möglichkeiten zu reagieren: Erstens, Sie reagieren gereizt und sagen vielleicht spontan „Scheibenkleister" oder Sie lehnen sich zurück. Meistens wird der nächste Parkplatz in zwei bis drei Minuten frei. Das war schon immer so. Sie lehnen sich zurück und nutzen die Zeit: Sie loben Gott. Oder Sie beißen in ein Würstchen. Es gibt zwei Möglichkeiten. Sie sagen: „Hmm, lieber Gott, Du schmeckst wieder, sei gelobt" oder sie schimpfen: „Mist, zu wenig Senf drauf!". Jeder Tag ist voll von Begegnungen mit Gott, wenn wir dafür offen sind. Und es gibt mehr als fünf Minuten, ihm zu begegnen. Ihn zu loben wird Sie selbst verändern. Sie rufen bei jemandem an, manchmal dauert es, bis jemand abhebt: Sie loben Gott. Sie fahren mit dem Aufzug – klar, sie loben Gott, bevor Sie aussteigen. Plötzlich werden Sie eine Vielzahl von Möglichkeiten entdecken, ja geradezu eine Fülle von Momenten, ob beim Friseur, beim Tanken, während eines Gespräches, Gott einfach für Ihren Gesprächspartner zu loben.

Ihnen gehen die Augen auf für viele schöne Kleinigkeiten, die Sie sonst übersehen. Sie werden ausgeglichener und erfüllter, weil Lobpreis Ihr Herz ausfüllt, wo bisher vielleicht viele Sorgen oder unwichtige Dinge den Platz für Gott sehr klein gehalten haben. Jeder Tag wird für Sie zum Abenteuer werden. Wenn Sie in der Stadt, im Büro, auf dem Flughafen, am Bahnsteig sind, Sie loben Gott. Sie finden dafür Orte und Begegnungen, Veranstaltungen, Lücken, Erlebnisse und werden bald Meister auf dem Gebiet. Versuchen Sie es. Sie haben nichts zu verlieren, können nur gewinnen – etwas von einem inneren Reichtum, dessen Frucht ein Frieden ist, den Sie vorher so nicht kannten.

Gott zählt gewiss nicht die Beter,
er zählt nur die Herzen.

„Ich lobe dich, Gott." – Was sonst?

Ich selbst darf so viele Wunder im Alltag mit dem Lobpreis erfahren. Ja, Sie haben richtig gehört. Wunderbare Dinge, die sich da auftun. Eine der vielen kleinen Wunderanekdoten kann ich Ihnen aus meinem Leben erzählen. Als wir die neue Gemeinschaft in Pegnitz gegründet hatten, wollte die Presse einen ersten Bericht von uns veröffentlichen. Das war für uns kein Problem, ich ließ den Redakteur kommen, aber musste schon nach wenigen Fragen feststellen, dass hier irgendetwas nicht zu stimmen scheint. Solche kritischen und merkwürdigen Fragen hatte ich noch nie beantworten müssen, und ich hatte bis dahin schon unzählige Interviews gegeben. Ich erzählte, dass wir als Kirche Anteil an den Menschen nehmen müssen, „die ganz unten sind", um zu beschreiben, für wen wir in unserer Kommunität da sein wollten. Nach diesen eigenartigen Rückfragen bat ich den Reporter, mir doch bitte erst den Bericht vorzulegen, bevor er ihn veröffentliche, denn es war schließlich die erste Veröffentlichung über uns in unserer Stadt. Er versprach, mir ein Fax zu schicken. Am nächsten Tag warteten wir vergeblich. Bis 21 Uhr war noch kein Artikel da. Als er dann endlich kam und ich den Bericht las, dachte ich, mich trifft der Schlag! So was Sinnentstelltes und eine derartige Verfälschung meiner Aussagen hatte ich noch nie gelesen. Stand da schwarz auf weiß als Zitat von mir: Wir müssten zu den Menschen, die in der Sch... sitzen." Das sollte ich so gesagt haben. Ich war außer mir. Wie konnte er das nur so schreiben. Auch alle anderen Angaben über uns waren so missverständlich, dass wir keine Worte fanden. Wir riefen an und forderten ihn auf, das umzuschreiben, wie wir es gesagt hätten, und die Aussagen, die einfach nicht stimmten und zu Missverständnissen führen müssten, zu ändern. Da hörten wir nur, der Artikel wäre schon im Druckhaus in Nürnberg. Was sollen denn die Bürgerinnen und Bürger denken, wenn sie so was am nächsten Morgen lesen würden! Mir wurde schlecht. Wir rannten in die Kirche und fingen an, Gott anzuflehen, bis ich ans Loben dachte. Was bin ich nur für ein Dummerchen! „Ich preise dich, Herr, du hast die ganze Welt geschaffen, du wirst auch mit diesem Problem fertig. Ich danke dir für alles, was du tun wirst." Ich bin anschließend ins Bett gegangen. Am nächsten Morgen wurde ich aufgeregt geweckt. Warum? Die Zeitung ist nicht erschienen, Druckerstreik in Nürnberg! „Ich lobe dich, Gott." – Was sonst?

Sie könnten jetzt sagen: Zufall! Von wegen. Viele Geschichten könnten Ihnen Christen erzählen, die Gott loben und ihre Wunder mit Gott erleben. Und es gibt noch einen heilenden Nebeneffekt. Sie fangen an, auch die Menschen in ihrer Umgebung wahrzunehmen und zu loben. Aber nun sind Sie dran. Probieren Sie es einen Tag lang aus, einen halben Tag, eine Stunde. Viel Vergnügen. Gott freut sich drauf!

Fragen: Wie oft kommt mir der Gedanke, Gott zu loben? Finde ich Gründe zur Zufriedenheit? Lobe ich die Menschen in meiner Umgebung?

Ich selbst darf
so viele *Wunder*
im Alltag mit dem
Lobpreis erfahren.

Gott ist ein Gott der Fantasie, der Lebendigkeit

Der größte Klebstoff unseres Lebens ist die Gewohnheit. Natürlich erleichtern uns ein eingespielter Tagesablauf und strukturierte Arbeitsabläufe das Leben. Schrecklich, wenn wir jeden Morgen erst entscheiden müssten, wie wir den Tag organisieren. Aber gleichzeitig werden wir sehr schnell zu Gewohnheitsmenschen, gewöhnen uns an Bequemlichkeit und nisten uns in unseren vorgefertigten Alltag ein. Oft lassen uns aber auch Termine und der ganz alltägliche Wahnsinn nur wenig Spielraum für Spontaneität. Wie geht es Ihnen dabei? Wann waren Sie das letzte Mal so richtig spontan? Wann haben Sie sich und andere mit etwas Ungewöhnlichem überrascht?

Weil das zu einem abenteuerlichen Leben unbedingt dazugehört, heißt der nächste Schritt in unserem Abenteuer: „Ungewöhnliches gegen die Gewohnheit tun!" Gott ist ein Gott der Fantasie, der Lebendigkeit, der Farben, der Freude, der Überraschung und der Liebe. Jemand, der verliebt ist, lässt sich immer wieder etwas Neues einfallen, um seine „Geliebte" zu erfreuen. Für Gott ist jeder einzelne Mensch sein/e „Geliebte/r". Wer verliebt ist, hat Esprit, Dynamik, ein anderes Lebensgefühl. Er denkt vom anderen her, freut sich über jede Begegnung, jede Trennung dauert für ihn unendlich lang, und er hat Angst, „dass ein Regentropfen den Geliebten erschlagen könnte". Sind Sie eine Verliebte, ein Verliebter? Dann wissen Sie, wovon ich spreche. Von den Schmetterlingen im Bauch, der Lebensfreude, den sanften Worten, die wie ein Zauber aus einem hervorkommen. Von Gedichten und Blumensträußen, von zärtlichen Blicken und romantischen „Candle-Light-Dinnern". Von überschwänglichem Licht und sanfter Freiheit, die nur eine Verliebtheit auslösen kann. Ich hoffe, Sie alle, die Sie dieses Buch lesen, waren schon mal so richtig verliebt. Wenigstens einmal! Aber so ist das mit der Liebe, irgendwann wird sie reif, man gewöhnt sich an den anderen, und viel Gewohnheit schleicht sich in die Beziehung ein.

Für Gott ist jeder
einzelne Mensch
sein/e „Geliebte/r“.

Es gibt zu wenig Verliebte in unserem Land

Ich habe schon länger den Eindruck, dass mit unserem Land in dieser Richtung irgendetwas nicht stimmt. Ich finde zu wenig Verliebte! Und ich verstehe nicht, wie es dazu kommen konnte. Die wirklich unglaublich hohe Scheidungsrate ist nur ein Symptom dafür. An der Liebe muss man arbeiten. Sie muss immer wieder erneuert und belebt werden. Warum zeigen wir gerade den Menschen, die uns am nächsten stehen, so wenig von dieser Liebe oder warum hören wir irgendwann damit auf? Weil vieles ebenso selbstverständlich ist? Auf was warten wir eigentlich? Jeder Tag ist kostbar und einzigartig und doch so schnell vorbei. Die Tage vergehen wie im Flug. Kaum hat die Woche begonnen, geht sie zu Ende. Ist Weihnachten gerade vorbei, winken schon die Schoko-Osterhasen aus den Regalen. Oder denken Sie mal zurück, als Sie Ihr Kind zum ersten Mal im Arm hielten, und betrachten Sie es jetzt? Wo sind die Jahre hin?
Ich will Ihnen ein Geheimnis verraten: Auch dieser Tag, der heute Abend für Sie zu Ende geht – ganz unter uns –, der kommt nie mehr wieder! Der ist weg aus unserem Leben. Natürlich hoffen wir auf viele andere. Aber dieser Tag ist definitiv weg. Unwiederbringbar weg. Nur weil uns prognostiziert wird, dass wir immer älter werden, heißt das doch noch lange nicht, dass ein langes, gesundes Leben im familiären Glück auf uns wartet. Wie alt wollen Sie eigentlich werden? Worauf möchten Sie am Ende Ihres Lebens zurückschauen?

Jeder Tag ist kostbar und
einzigartig und doch
so schnell vorbei.

Beziehung braucht Leidenschaft und immer wieder neues Feuer

Ich finde es schrecklich, wenn Menschen ihr „eigentliches Leben“ auf die Zeit ihrer Pension verschieben. Die vielen Pläne, „Wenn ich mal Zeit habe, dann ...“, Wenn ich gesund bleibe, dann ...“. Der kostbarste Moment im Leben, so glaube ich, ist jetzt in diesem Moment, und den sollten wir nicht verpassen.

Manfred Lütz, Psychotherapeut, Theologe und Mediziner, hat mal in einer Ansprache anlässlich eines Kongresses für „Kirche in Not“ den verblüfften Zuhörern gesagt: „Es gibt Menschen, die leben gar nicht mehr, die leben nur noch vorbeugend. Sie leben nach dem Gesundheitswahn und sterben dann gesund. Aber auch wer gesund stirbt, ist definitiv tot. Wir glauben als Christen nicht an das unendliche Leben, sondern an das ewige Leben, das die Endlichkeit und Zeit sprengt. Nicht sterben zu können, wäre die absolute Langeweile, die absolute Hölle, das wusste Platon schon. Wer den Tod verdrängt, verpasst das Leben. Wir können nicht auf Probe leben oder auf Probe sterben.“ Und weiter begeisterte er seine Zuhörer: „Stellen Sie sich mal vor, wir könnten 500 Jahre alt werden. In 200 Jahren verletzen wir jemanden, in dreihundert Jahren entschuldigen wir uns wieder. Wir haben ja genügend Zeit.“ Und dann sagte er: „Wenn ich Ihnen das genaue Datum Ihres Todes sagen könnte, ich verspreche Ihnen, von diesem Moment an würden Sie anders leben.“ Jeder Tag ist unwiederholbar, dieser Moment, wo Sie diese Zeilen lesen, dieser Moment wird nie wieder so sein, auch wenn Sie morgen oder nächstes Jahr diese Zeilen lesen würden. Das, was Sie beim ersten Mal gefühlt haben und denken, das können Sie nicht wiederholen. Das ist ein Moment der Ewigkeit. Warum brauchen wir Menschen erst ein schweres Schicksal, um darüber nachzudenken, wie kostbar jeder Tag ist? Und wenn wir wirklich 500 Jahre alt werden könnten und die ganze Welt gesehen hätten, aber nicht wissen, worin der Sinn dieses Lebens besteht, was nützen uns die vielen Jahre? Was wir in einem Leben nicht schaffen, an Zufriedenheit uns anzueignen, werden wir auch mit vielen Tausend Leben nicht schaffen. Zu lieben und geliebt zu werden, das ist das Glück, zu dem wir in die Welt gesetzt worden sind. Also nutzen wir diese wunderbare Zeit mit den Menschen, die wir lieb gewonnen haben. Solche Beziehung braucht Leidenschaft und immer wieder neues Feuer.

Der kostbarste *Moment* im Leben,
so glaube ich, ist jetzt in diesem Moment,
und den sollten wir nicht verpassen.

Ganz einfach für ein verliebtes Herz

Eine Beziehung, in der man nichts Ungewöhnliches mehr tut, wird gewöhnlich. Eine Gemeinde, in der man nichts Ungewöhnliches mehr tut, wird gewöhnlich. Das Gleiche gilt für unsere Beziehung zu Gott. Wenn wir von unserem ungewöhnlichen Schöpfer nichts mehr erwarten, glauben wir am Ende aus Gewohnheit. Und was ist mit der Verliebtheit? Vielleicht wundern Sie sich, dass ich als katholische Schwester damit komme, aber ganz ehrlich, wenn ich nicht mehr in Gott verliebt wäre, würde ich sicher nicht diese Zeilen schreiben, ich würde meine Füße hochlegen und meine kostbare Freizeit für etwas anderes nutzen. Es gibt schon genug Stress mit Schule und Gemeinde, die vielen Vorträge, die Gottesdienste usw. Wenn ich nicht verliebt wäre, könnte ich nicht den vielen Kindern und Jugendlichen von diesem abenteuerlichen Gott vorschwärmen. Und dabei weiß ich genau, dass wir gerade ihnen nichts vormachen können. Sagen Sie mal einem Jugendlichen, dass es abenteuerlich ist, in einer steinharten Kirchenbank zu sitzen und ein vierhundert Jahre altes Lied zu singen. Das haut sie bestimmt nicht vom Hocker! Das nehmen sie uns nicht ab, aber sie nehmen uns ab, wenn sie spüren, dass wir Verliebte sind, Begeisterte und Feuer haben. Wenn sie an uns merken, dass wir glücklich sind. Und ich meine, man darf einer katholischen Schwester anmerken, dass sie glücklich ist, ebenso wie einem Ehepaar bzw. jedem Christen. Aber an dieser Verliebtheit muss ich auch arbeiten und manchmal mit Gott schmusen und ihn im Gebet küssen. Das ist ganz einfach für ein verliebtes Herz. Gerade deswegen begreife ich nicht, wie man in einer Beziehung aufhören kann, dem anderen die Liebe zu zeigen und zu sagen. Wenn eine Ehefrau weiß, mein Mann muss früh aus dem Haus, warum schreibt sie nicht einen Zettel, auf dem stehen könnte: „Mein Schatz, wenn du das liest, drück ich dich ganz fest, komm bald nach Hause", und steckt ihn in sein Jackett. Und warum hinterlässt ein Mann seiner Frau nicht einen Zettel, auf dem vielleicht stehen könnte: „Mein Schnuckiputzihäschen (oder was Sie halt sonst sagen), das Beste an mir bist du! Hab einen schönen Tag!"

Glauben Sie mir, wenn Sie so einen Zettel vorfänden, wäre dieser Tag anders. Warum?

„Hab einen schönen Tag!"

Wir alle hungern nach Anerkennung und Zuwendung

Das ist die Wahrheit. Weil wir anders sind, wenn wir ein gutes Wort, eine Ermunterung, ein Kompliment, eine Bestätigung, eine Zuwendung bekommen. Weil wir Menschen einen Zauber in jedes Wort legen können, um den anderen glücklich zu machen. Ganz praktisch mache ich das öfters mit den Kindern aus meinem Kinderchor. Dreimal im Jahr lasse ich die Kinder einzeln hineinkommen und sage jedem Kind etwas ganz Besonderes: was mir an ihm aufgefallen ist, wie es gewachsen ist, wie es uns Freude macht und die Gruppe belebt. Die Kinder verraten „ihren Satz" niemanden, auch nicht den Eltern. Aber ich merke an ihren Augen und ihrem Gesichtsausdruck, dass es ihnen guttut. Bei meinen Vorträgen umarme ich an dieser Stelle gerne eine meiner Zuhörerinnen oder Zuhörer. Bisher hat es allen gefallen, und sie haben zugegeben, dass dies ihnen guttut.
Natürlich tut es gut. Uns allen! Wenn ich dann alle einlade, ihren Tisch- oder Stuhlnachbarn zu umarmen, ernte ich immer lachende und strahlende Gesichter. Selbst bei 300 Managern habe ich das ausprobiert und es hat funktioniert. Es bleibt oft nicht nur beim Stuhlnachbarn. Dann schmunzle ich: „Das langt schon, nur nicht gleich übertreiben!" Zu simpel? Die kleinen Gesten sind es, die das Herz erwärmen. Die kleinen ungewöhnlichen Ideen verzaubern jede Beziehung und wecken die Verliebtheit.

24

Die kleinen **Gesten** sind es,
die das **Herz** erwärmen.

„Have a nice day"

Deutschland ist ein Tiefkühlschrank. Ja, ich glaube, dass wir in Deutschland ein Problem haben. Mir fällt das besonders auf, wenn ich aus den USA komme und wieder deutschen Boden betrete. Ich habe dann manchmal das Gefühl, ich komme in einen Tiefkühlschrank. Ich vermisse diese Freundlichkeit, die mir in den Vereinigten Staaten in alltäglichen Augenblicken begegnet. Wenn Sie in den USA in einen Aufzug steigen, dann grüßt Sie dort jeder mit „You're welcome" oder „Have a nice day" oder Ähnliches. Steigen Sie in Deutschland in einen Aufzug ein. Man schaut weg, hält die Luft an, bis die Tür aufgeht! Oder gehen Sie mal in ein amerikanisches Geschäft, sofort siehst du den Verkäufern im Gesicht an, dass sie sich auf dich als Kunden freuen. In Deutschland habe ich manchmal das Gefühl, dass „Arbeit" statt Gewinn plötzlich durch ihr Hirn geht. Bitte verstehen Sie mich nicht falsch, natürlich gibt es genügend andere Beispiele von der Freundlichkeit und Herzlichkeit, meine Leser und Leserinnen gehören sicher zu den wahrhaft freundlichen Menschen, aber da draußen, der Rest! Man kann von den Amerikanern denken, was man will, und man kann ihnen auch eine oberflächliche Freundlichkeit vorwerfen, aber mal ganz unter uns: lieber mal oberflächlich freundlich als überhaupt nicht freundlich! Wer verliebt ist, ist freundlich, beschwingt, großzügig, schenkt gerne mal ein Lächeln her. Probieren Sie das morgen einmal aus. Lächeln Sie mal einen wildfremden Menschen auf der Straße ganz freundlich an. Der wird sich vielleicht umdrehen und fragen: „Kennen wir uns?" Und Sie sagen „Nein, aber ich bin Christ/Christin und dachte, es würde Ihnen guttun." Sie werden eine Überraschung erleben, ein Abenteuer. Dann laden Sie diese Person zu einem Kaffee ein, zu einer Veranstaltung in Ihrer Gemeinde. Wissen Sie, was das ist? Das ist Evangelisation! Sie beginnt mit der Freundlichkeit Gottes, mit der Mission, dass wir uns den Menschen zuwenden, ihnen Aufmerksamkeit und Interesse zeigen und *Freundlichkeit.*

Wer **verliebt** ist, ist freundlich, beschwingt, großzügig, schenkt gerne mal ein **Lächeln** her.

Gott wird mich auch heute überraschen

Bitten wir Gott um eine neue Verliebtheit und Leidenschaft für das Leben und die Menschen, vor allem wenn wir merken, dass wir nicht mehr genug brennen. Wo kein Feuer ist, da brennt auch nichts mehr. Seien wir als Christen etwas freundlicher, mutiger, verliebter und verrückter. Ich finde, dass wir gar nicht verrückt genug sein können nach diesem Gott, der uns so sehr liebt. Zeigen wir den Menschen diese Liebe und hören wir damit auf zu warten, bis andere es uns zeigen. Ich bin so glücklich, Christin zu sein, und glücklich, Katholikin zu sein. Manchmal habe ich den Eindruck, wir trauen uns das nicht mehr zu sagen. Gott hat viele verschiedene Wege, Menschen mit dem Glück des Glaubens zu beschenken. Ich respektiere alle Religionen, ich habe beim Studium mit Respekt alle anderen kennengelernt. Ich habe Hochachtung vor allen anderen, aber ich bin glücklich, Christin zu sein. Ich bin in einer Religion zu Hause, in der ich keine Bedingungen erfüllen muss, um geliebt zu werden, weil der Gott, der mich liebt, mich selbst erlöst hat am Kreuz. Er ist für mich gestorben, für meine Sünden. Ich begreife es oft nicht, wie er eine so schwache und fehlerhafte Person wie mich nur so lieben kann. Aber ich weiß auch, dass mir nichts mehr passieren kann und ich deshalb mit Zuversicht verliebt sein darf, und versuche ein wenig, diese Liebe weiterzugeben. Jeder Tag ist für mich etwas Ungewöhnliches. Wenn ich morgens die Augen aufmache, dann sage ich mir oft: „Das wird der schönste Tag in deinem Leben!“, auch wenn mir manchmal graust vor dem vielen, was ansteht. Aber ich weiß: Gott wird mich auch heute überraschen. Mit einem Lächeln, einem Anruf, einem Problem, einem Moment des Glückes. Ich muss nur wach genug dafür sein und bewusst leben. Sie wissen nicht, wie Sie beginnen sollen, Ungewöhnliches gegen die Gewohnheit zu tun? Es ist so einfach. Wenn Sie immer mit der rechten Hand die Zähne putzen, dann machen sie das mal mit der anderen Hand. Der erste Lacher ist Ihnen gewiss! Warum immer wie gewohnt ins Bett steigen. Heute mal mit einer Rolle vorwärts wie unser Spitzenturner Fabian Hambüchen. Überraschen Sie sich selbst mit etwas, wofür Sie sich schon lange keine Zeit mehr genommen haben. Oder am besten, Sie legen jetzt das Buch zur Seite, gehen zu Ihren Liebsten und „knuddeln“ sie richtig und sagen ihnen ein bezauberndes Wort. Schönen Gruß von mir!

Fragen: Lebe und glaube ich aus Gewohnheit? Bin ich verliebt in ...? Traue ich mich, ein bisschen verrückt nach Gott und dem Guten zu sein?

Ich bin in einer Religion zu Hause,
in der ich keine Bedingungen erfüllen muss,
um geliebt zu werden, weil der Gott,
der mich liebt, mich selbst erlöst hat am Kreuz.

Neue Wege gehen

Ein Leben voller „Fülle“, wie Jesus es verheißt, geprägt von positiver Grundstimmung, von Energie und Freude, von Abenteuer und tragfähiger Substanz und Kraft können wir im Glauben an ihn finden. Die Frage ist nur, ob wir dazu bereit sind, neue Wege zu gehen, uns neu zu öffnen für seinen Geist. Ob unser Herz da mitmacht. Manchmal muss Gott unser Herz umkrempeln. Wir wollen zwar eine neue lebendige Beziehung zu ihm. Wir wollen freundschaftlicher mit uns selbst umgehen, damit wir auch mit anderen besser zurechtkommen können. Wir wollen täglich mit dem Wort Gottes leben und den Schatz kennenlernen, der sich auftut, wenn wir mit Jesus leben. Wir wollen Gott mehr loben, um hinter das Geheimnis eines zufriedenen Menschen zu kommen, und wir wollen aus der Gewohnheit heraus, um uns eine neue Verliebtheit schenken zu lassen. Doch da scheint noch etwas zu sein, das uns daran hindert. Ich nenne es einfach *Verletzungen der Seele.*

Manchmal muss Gott unser Herz umkrempeln.

Unglaublich viele Menschen sind verletzt!

Eigentlich ist es erschreckend, wie viele Menschen, und darunter viele Christen, „Verletzte" sind. In meinen unzähligen Begegnungen mit Menschen jeden Alters bin ich oft sprachlos, was Menschen tragen und ertragen müssen. Überall tauchen Verletzungen auf: aus schlechten Erfahrungen mit Kirche, in den Gemeinden, mit Vorgesetzten und Kollegen, im Eheleben, mit den eigenen Kindern oder Eltern oder einfach durch die Schläge, die das Schicksal ihnen zugefügt hat, die wir gerne auf Gott schieben und ihn dafür verantwortlich machen. Wie sollen wir begeisterte Christen oder Christinnen sein und das pure Leben ausstrahlen, wenn uns etwas innerlich lähmt und uns die Freude nimmt? Wunden, die nur einmalig zugefügt wurden, tragen wir manchmal jahrelang mit uns herum, andere in aktuellen Beziehungen sind wie permanente, tägliche Stiche. Das Problem mit Verletzungen ist, dass wir sie nicht einfach so abschütteln können. Wir haben sie vielleicht verziehen, aber vergessen können wir sie nicht. Noch schlimmer, sie sind ein Teil von uns geworden und bestimmen unser Leben. Ungeheilte Wunden in der Seele sind schmerzhaft und können depressive, mutlose, zweifelnde Stimmungen auslösen. Vieles erscheint uns sinnlos, und wir bringen nicht die Kraft auf, Neues anzugehen. Wir sind müde, lebensmüde. Wir kommen schlecht mit Kritik zurecht und suchen Verstecke und Ablenkung, um uns zu schützen.

Sind Sie ein verletzter Mensch? Haben Sie Menschen in Ihrer Umgebung, die Ihnen wehtun?

Dann möchte ich Ihnen Mut zusprechen, einen kleinen, abenteuerlichen Schritt zu wagen, der Vergebung heißt und der sie befreien kann. Ich selbst werde mich dabei nicht aussparen. Ich bin keine Psychotherapeutin oder Ärztin, aber eine Ansprechpartnerin in der Seelsorge, die mit vielen Abgründen menschlichen Leids konfrontiert wurde und die auch selbst schon oft verletzt worden ist und erfahren hat, dass Gott jede Verletzung heilen kann. Ich kenne die Wut und Ohnmacht, den Hass und die Selbstzweifel, unter denen man leidet, wenn man abgelehnt wird. Ich habe lange gebraucht, um verzeihen zu können, und bin einen schmerzlichen Weg gegangen, bis ich gelernt habe, warum Menschen einander verletzen.

Ich möchte Ihnen Mut zusprechen,
einen kleinen, abenteuerlichen Schritt
zu wagen, der Vergebung heißt.

Die deutsche Antwort auf Anerkennung ist Neid

Vielleicht kann Ihnen meine Erfahrung helfen und ein kleiner Trost sein. Viele Menschen bei meinen Vorträgen fühlen sich verstanden und empfinden es hilfreich, wenn Sie erfahren, wie ich selbst, wie andere auch, mit Verletzungen und Ablehnung umgegangen bin.
Wenn man in der Öffentlichkeit steht wie ich, dann hat man nicht nur Freunde und begeisterte Befürworter, sondern sehr schnell auch Gegner. Eine Schwester, die Skateboard gefahren ist, immer wieder im Fernsehen auftritt und auch gern mal ein Weißbier trinkt, das passt einfach nicht zu dem Bild, das sich manche Menschen von einer Schwester in einer geistlichen Gemeinschaft machen. Noch dazu eine, die ungezwungen lebt, frei redet, wie ihr der Schnabel gewachsen ist, und dabei glücklich ist. Und die darüber hinaus Erfolg hat, viel Geld in einer Quizshow gewonnen hat, Buchautorin und Kulturpreisträgerin ist, die Musicals komponiert, vor Managern spricht und ein „Publikumsmagnet“ ist, wie manche Zeitungen schrieben. Das weckt natürlich schnell Neid. Jemand sagte einmal, dass die deutsche Antwort auf Anerkennung Neid sei.
Das stimmt leider. Woran ich keinen Anteil habe, daran räche ich mich gerne. Ich musste das schmerzlich erfahren, als wir die neue Gemeinschaft gründeten. Drei Schwestern ziehen ins Pfarrhaus einer Kleinstadt ein, „Die Mediennonne kommt“ titelte die Lokalpresse. Befürchtete Veränderungen in der Gemeinde schürten Ängste, und Menschen, die zwar nie ein Wort mit mir gesprochen hatten, aber meine Motive und Absichten genau zu kennen glaubten, beeinflussten die Meinungen vieler Unbeteiligter. Obwohl wir in den ersten Jahren überhaupt nichts veränderten und nur zusätzliche Angebote machten, mussten wir mit vielen Unterstellungen leben.
Ich wurde beobachtet. Mit wem ich redete oder mit wem ich nicht redete, was ich einkaufte, was ich aß, wenn ich mit Jugendlichen in einer Pizzeria saß oder wenn ich in einem Gasthof der Gegend speiste. Alles wurde beobachtet und notiert, und jeder Schnaps, den ich getrunken habe, dem damaligen Bischof mitgeteilt.
Nun gut, jetzt wusste er wenigstens, was ich vertrage!

Ich bin eine humorvolle
und verliebte Schwester,
die Gott und seiner Kirche
leidenschaftlich dienen will,
nicht mehr, aber
auch nicht weniger.

Wenn die Seele leidet, wird der Körper krank

Am Anfang nahmen wir viele Gerüchte in der Kleinstadt, in der wir uns befanden, noch mit Humor, aber das Lachen verging uns bald. Nicht unsere Arbeit wurde kritisiert, sondern unser Lebensstil. Dabei wollte ich immer eine Schwester zum Anfassen sein. Bösartige Unterstellungen und Artikel in der Presse versuchten, uns zu zerstören. Als wir einmal zu einem Geburtstag in einem fränkischen Wirtshaus mit vielen Gästen eingeladen waren, meinte der Wirt auf meine Frage, wie lange er denn seinen Geburtstag feiern wolle: „Bis 5 Uhr früh." „Oh", sagte ich, „so lange können wir nicht mitfeiern, ich hab morgen Schule!" Darauf der Wirt: „Dann schlaft ihr hier, ich hab genügend Zimmer." Zum Bischof drang die Nachricht, ich sei stockbetrunken gewesen und hätte deshalb dort übernachtet! Solche und andere Lügen waren nur ein kleiner Beitrag zu der Lawine von Rufmord, die losgetreten wurde. Zum Glück gewannen wir treue Freunde, die uns nie im Stich gelassen haben und die für uns eingestanden sind. Dass die Gemeinde mit vielen jungen Familien, neuen Mitarbeitern und vielen Hunderten von Besuchern bei Kirchenfestivals wuchs, wollten manche Kritiker nicht wahrhaben. Die Anerkennung, die ich außerhalb der eigenen Gemeinde und in den Medien erfuhr, ließ uns lange hoffnungsvoll weitermachen. Ich komponierte drei Musicals in diesen schweren Jahren und schrieb Bücher, hielt Hunderte von Vorträgen und engagierte mich weiter für meine Kirche. Es war ja nicht meine Kirche, sondern es waren traurigerweise Christen an der Basis, die uns das Leben zur Hölle machten. Während ich mich für meine Kirche weit aus dem Fenster lehnte, die positiven Seiten herausstrich und nicht müde wurde, begeistert von einem erfüllten Glauben zu reden, wurden mir nur Steine in den Weg gelegt. Auch für mich galt: „Der Prophet im eigenen Land gilt nichts" (vgl. Lk 4,24). Obwohl ich mich selbst sicher nie als eine Prophetin bezeichnen würde, denn das steht mir nicht zu. Ich bin eine humorvolle und verliebte Schwester, die Gott und seiner Kirche leidenschaftlich dienen will, nicht mehr, aber auch nicht weniger. Ich kann inzwischen mit viel Abstand an diese schwere Zeit zurückdenken und eigene Fehler eingestehen, viele waren wohl überfordert mit meiner unkomplizierten Art, die zwar viele Menschen gewann, aber auch viele zu Gegnern machte. Dennoch machte mich diese Art von Rufmord krank, seelisch krank, denn die vielen Verletzungen ließen meine Seele überlaufen. Anfangs sagte ich noch zu meinen Geschwistern: „Wir müssen uns mit Liebe rächen." Aber das war schwer. In einem Psalm heißt es: „Wer auf Gott vertraut, fürchtet sich nicht vor Verleumdung" und „Was können Menschen mir antun?". Das half mir streckenweise sehr. Ich konnte mir niemals vorher vorstellen, wie Menschen so viel Böses reden und tun konnten.

Wenn die Seele leidet, wird der Körper krank. Tiefe Verletzungen durch ablehnende Äußerungen brachten mich in eine bedrohliche Situation, und ich bin meiner tollen Gemeinschaft und Familie dankbar, dass sie mich getragen hat, und diesem Gott, der mich in dieser Zeit vieles hat *lernen* lassen.

Wir müssen uns *mit Liebe* rächen.

Nur verletzte Menschen verletzen!

Das Wichtigste: *Nur verletzte Menschen verletzen!* Andere haben gar keinen Grund dafür. Ich möchte Ihnen das bildlich verdeutlichen. Nehmen Sie sich ein leeres weißes Papier her, malen Sie ein großes Herz darauf und dann stechen Sie von hinten mit ihrem Stift in das Papier, sodass es durch das aufgezeichnete Herz sticht. So sieht man, was eine Verletzung ist. Wenn jemand mit einem solchen Herzen einem anderen Menschen begegnet, was passiert dann? Genau, ihm geht ein Stich durchs Herz, er wird also verletzt. Verletzte Menschen verletzen. Viele wissen gar nicht oder es ist ihnen nicht bewusst, dass Sie mit einem solchen Herzen herumlaufen und oft ungerechterweise anderen wehtun. Zurück bleiben Wunden, die wehtun. Wenn sie nicht geheilt werden, machen diese Verletzungen etwas mit dem Betroffenen.

Auch in der Kirche gibt es so viele Kritiker, die selbst keinen Finger rühren, um das Klima einer Gemeinde oder eines Teams einladender oder positiver zu gestalten, aber beim anderen jeden Fehler suchen und darüber herziehen. Aber gerade die Menschen, die einen am meisten kritisieren, sagen im Grunde nichts anderes als: „Erkenne mich an" – „Ich kann auch etwas, ich bin auch wer!". Die Menschen hungern nach Zuwendung und Anerkennung. Sie hassen dich, wenn du Erfolg hast, weil sie den ebenso brauchen, und sie hassen dich, wenn du versagst, weil es ihre eigenen Ängste schürt, versagen zu können. Doch Hass vergiftet den Hasser, nicht den Gehassten. Jesus sagt an einer Stelle: „Wovon das Herz voll ist, davon spricht der Mund" (Mt 12,34). Was muss in einem Herzen sein, das andere gerne schlechtmacht?

Mein größter Fehler war, dass ich fremden Menschen so viel Macht über mich gegeben habe. Ich selbst gab ihnen Macht über meinen Schlaf, mein Denken und Reden und meine Arbeit. Ich war ein großes Dummerchen, bis ich das sehr eindringlich erkannte. Bis ich lernte, einen Gedankenstopp zu machen. Bis ich anfing, den Weg der Vergebung zu gehen, den Weg der Gesundung.

„Wovon das Herz voll ist,
davon spricht
der Mund.“ (Mt 12,34)

Drei gute Gründe, anderen zu vergeben

Ich möchte Ihnen jetzt drei gute Gründe nennen, warum Sie den Menschen trotzdem verzeihen sollten, die Ihnen wehgetan haben. Drei Vorteile, die Sie davon haben, wenn Sie vergeben, und ich möchte Ihnen sagen, wie ich das geschafft habe. Was? Zu verzeihen! Ganz ehrlich, ich habe es nicht geschafft. Alleine. Ein anderer hat das mit meinem Herzen geschafft. Doch dazu später.

Erster guter Grund zum Verzeihen: Ihnen selbst werden auch Ihre Sünden vergeben: Jesus erzählt eine tolle Geschichte im Evangelium. Da kommt ein Mann zum König, der schuldet ihm 10.000 Talente, also Millionen, wenn Sie sich diese Summe heute in Euro vorstellen. Und als der König das Geld fordert, jammert der Mann: „Ich kann es dir nicht geben!" Der König lässt sich bewegen und erlässt dem Mann alle Schulden. Als dieser erleichtert weggeht, trifft er einen Kollegen, der ihm 100 Denare, also ein paar Euro schuldet. „Ich kann es dir nicht geben!" Meinen Sie, der Mann hätte jetzt auch seinem Kollegen die Schuld erlassen? Nein, er fordert die paar Euro und geht gerichtlich gegen ihn vor. Ihm selbst sind gerade mehr als 10 Millionen erlassen worden und er kann nicht mal 10 Euro erlassen. Und Jesus fügt hinzu: „Ebenso wird mein himmlischer Vater jeden von euch behandeln, der seinem Bruder nicht von ganzem Herzen vergibt" (vgl. Mt 18,23 ff.). Also könnten wir unser Verhältnis zu Gott dadurch in herrlicher Freiheit in Ordnung bringen, indem wir den anderen verzeihen. Wir können getrost sein, Gott wird auch uns alle Sünden vergeben, die wir anderen angetan haben.

Wir könnten unser Verhältnis zu Gott dadurch in herrlicher Freiheit in Ordnung bringen, indem wir den anderen verzeihen.

Zweiter Grund: Wir werden oder bleiben seelisch gesund!

Solange wir nicht vergeben, bleibt der ganze Schmerz in unserer Seele. Aber wenn die Seele lang genug leidet, wird irgendwann der Körper krank. Es ist schon lang kein Geheimnis mehr, dass die meisten Krankheiten psychosomatische Ursachen haben. Und jeder von uns bekommt es an seiner schwächsten Stelle zu spüren. Manche haben's ständig im Kreuz, kein Wunder, man muss dauernd Rückgrat zeigen. Andere haben Magenbeschwerden. „Da liegt einem etwas schwer im Magen." „Da ist einem etwas in den Magen gefahren." Wieder andere werden mit Kopfschmerzen oder Migräne kaum fertig. Wie anstrengend ist das, woran wir dauernd denken und die Sinne beieinanderhaben müssen. Und manche sind ständig erkältet. Sie haben einfach keine Abwehrkräfte mehr. Ich weiß gar nicht, wie oft ich erkältet war in jenen Jahren, in denen ich ständig krank war. In dem Moment, in dem wir vergeben, beginnt unsere seelische Heilung. Wir können den Anteil unserer Schuld entdecken und annehmen. Wir entwickeln neue Kräfte, die durch Schmerz und Leiden absorbiert waren, und entdecken eine neue Freiheit und Unabhängigkeit. Unabhängigkeit von Menschen. Wir entdecken, wie viel Angst wir vor Menschen hatten, und machen uns davon frei. Nicht umsonst heißt eine Lebensweisheit: „Ist der Ruf erst ruiniert, lebt es sich ganz ungeniert."

Wie ich diese Unabhängigkeit wiedergewonnen habe? Ich deutete es schon an: Gott ist die entscheidenden Herzensschritte mit mir gegangen. Die ersten Schritte zum Verzeihen. Im Gebet stellte ich mir die betreffenden Menschen, die so gegen uns gewütet hatten, vor meinem geistigen Auge vor. Und ich ließ sie so nah an mich herankommen, wie ich es verkraften konnte, also so ungefähr 10,8 km. Im Gebet kann man das. Dann bat ich Gott, mein Herz fähig zu machen zum Vergeben. Ich selbst konnte es noch nicht. Nach einem Monat standen meine Gegner in einem Abstand von vielleicht 9,8 km, nach einem Vierteljahr 5,6 km, nach 2 Jahren zweihundert Meter entfernt von mir. Inzwischen habe ich Ihnen schon die Hand gegeben, mit Ihnen geredet. Ich habe ja erkannt, dass sie mich verletzten, weil sie selbst verletzt waren. Ich hatte irgendwann Mitleid, weil ich merkte, dass sie weiterleiden, während ich nicht bereit war, mich weiter seelisch kaputt machen zu lassen. Einige hatten sich zurückgezogen, und manchmal tut Abstand gut. Ich bat Gott, vergeben zu können, und ich glaube, dass ich das inzwischen ganz gut geschafft habe. Es war ein langer Prozess. Wenn man sich ein Bein bricht, heilt das auch nicht in drei Tagen. Die Seele braucht manchmal einige Jahre. Ich wünsche meinen Kritikern diesen Frieden und das Beste im Leben. Jeder von uns muss eines Tages selbst verantworten, was er anderen angetan hat. Wir werden sogar für jedes unnütze Wort bestraft, das wir so dahinsagen, so steht es in der Bergpredigt. Ich weiß, dass es Menschen gibt, die dennoch unversöhnlich sind. Versöhnung kann man nicht erzwingen, sie hängt auch vom anderen ab. Entscheidend ist, ob wir bereit sind zu vergeben und damit den ersten Schritt zur Versöhnung zu wagen. Wir können den Unversöhnlichen getrost in Gottes Hände legen.

In dem **Moment**, in dem wir vergeben,
beginnt unsere **seelische Heilung**.

Wir können es nie allen recht machen

Ich komme inzwischen besser damit zurecht, abgelehnt zu werden. Denn ich erlaube inzwischen anderen, mich ablehnen zu dürfen. Welcher Größenwahnsinn von uns zu meinen, dass uns jeder lieben und akzeptieren müsste? Wir können es nie allen recht machen und werden deshalb in den Augen einiger immer Fehler machen. Es ist kaum zu glauben, aber es gab wirklich Menschen, die Mutter Teresa von Kalkutta, Martin Luther King oder Papst Johannes Paul II. hassten.

Ich bin ausgeglichener geworden, seit ich den Weg des Vergebens gehe. Ich danke Gott inzwischen für beides. Dass ich so viel Ablehnung erleiden musste und dass er mich geheilt hat. Ich habe dadurch so viel mehr Verständnis für Menschen, die unter Rufmord leiden, und scheue mich nicht, mit ihnen befreundet zu sein. Ich durfte so viel über mich und andere lernen. Ich habe deswegen nie meine Begeisterung für Gott verloren und den wunderbaren Dienst in meiner Kirche. Wenn jetzt jemand sagen würde: „Du bist eine blöde Kuh!", dann würde ich glatt antworten: „Ich lieb dich trotzdem!" Ich habe Verständnis für den anderen und freue mich über all die vielen Menschen, die mich dennoch gernhaben. Es ist so, wenn man einem Menschen begegnet, gibt es spontan nur zwei Möglichkeiten. Entweder er ist einem sofort sympathisch oder sofort unsympathisch. Unter uns gesagt, der andere darf genauso über uns empfinden. Wir müssen entscheiden, wie wir zurechtkommen, wenn wir jemanden nicht leiden können. Ob wir ihm das zeigen oder versuchen, unsere erste Meinung zu ändern. Ich glaube, dass in jedem Menschen etwas Wunderbares steckt, dass wir entdecken können, welcher Schatz der andere ist, wenn wir uns auf ihn einlassen. Ich freue mich über den Gedanken, dass wir im Himmel eines Tages mit denen feiern können, die uns hier überhaupt nicht ausstehen können. Dann gehen uns die Augen auf, wie der andere wirklich ist, wie Gott ihn gedacht hat, und es wäre toll, sich dann getröstet und versöhnt in den Armen zu liegen. Das wäre der Himmel.

Versöhnung kann man nicht erzwingen,
sie hängt auch vom anderen ab.
Entscheidend ist, ob wir bereit sind,
zu vergeben und damit den ersten Schritt
zur Versöhnung zu wagen.

Der dritte Grund: Es gibt ein Zeugnis für die Welt!

Der dritte Grund für die Vergebung: Es gibt ein Zeugnis für die Welt, dass wir wirklich Gottes Kinder sind! Noch besser wäre es, wir könnten uns schon hier auf Erden versöhnen. Was wäre das für ein wunderbares Zeugnis für die Menschen, die so viele Zweifel haben. Der evangelische Pastor Uwe Holmer und seine Familie zum Beispiel hatten kein einfaches Leben in der ehemaligen DDR und mussten allerhand erleiden. Spitzel bei seinen Predigten, Verhaftungen, keines seiner zehn Kinder durfte zur DDR-Zeit eine höhere Schule besuchen. Als aber Erich Honecker, der ehemalige Partei- und Regierungschef der DDR, und seine Frau Margot praktisch obdachlos waren, weil sie in Wandlitz kein Wohnrecht mehr hatten und keiner ihrer Genossen bereit war, ihnen Asyl anzubieten, nahm die Pfarrersfamilie Holmer im brandenburgischen Lobetal die Honeckers auf. Viele Gemeindemitglieder waren empört, vier Bombendrohungen mussten überstanden werden, und täglich stand eine aufgebrachte Menschenmenge vor dem Haus. Doch der Pastor mischte sich unter die Leute und erklärte ihnen, warum sie das als Christen tun müssten, weil Jesus sagt: „Wenn ihr aber den Menschen nicht vergebt, dann wird euch euer Vater eure Verfehlungen auch nicht vergeben“ (Mt 6,15). Und sie konnten viele Denkanstöße geben und überzeugen. „Vergebung statt Rache“ sei ganz einfach zu praktizieren, wenn man sich erst einmal daran gewöhnt habe, meinte der Pastor. Wissen Sie, warum Gott alles vergeben kann? Weil er alles versteht. Er versteht, warum Menschen manchmal grob und gemein sind. Wir wollen das oft nicht verstehen und einsehen. Wir wollen lieber, dass der andere bestraft wird und auch leiden muss, so wie wir selbst leiden mussten. Das wunderbare ist, dass Gott in seiner Vergebungsbereitschaft auf Vergeltung verzichtet, weil er hinter jedem Täter den Menschen wiedererkennt.

Wenn nur noch mehr Christen den Mut hätten, Vergebung wirklich zu praktizieren! Weil wir anders wären und anders miteinander umgehen würden als unsere Gesellschaft, auch mit Gescheiterten. Es war so ein wunderbares Zeugnis, als Papst Johannes Paul II. zu seinem Attentäter ins Gefängnis ging und ihm vergab.

„Wenn ihr
aber den Menschen
nicht vergebt,
dann wird
euch euer Vater
eure Verfehlungen
nicht vergeben.“
(Mt 6,15)

Es gibt einen, der sich über Verletzungen freut!

Etwas darf ich Ihnen zum Schluss aber nicht verheimlichen. Es gibt jemanden, der sich darüber freut, wenn Sie verletzt werden. Wenn Missverständnisse passieren, wenn Böses mit Bösem vergolten wird und Unrecht geschieht. Nennen Sie ihn, wie sie wollen, ich geb ihm nicht die Ehre, ihn mit Namen zu nennen. Wenn Gott das Licht ist, ist das Gegenteil Dunkelheit. Wenn ER Liebe ist, ist das Gegenteil Hass, wo Wärme ist, ist auch Kälte. Gottes Frieden existiert, leider auch der Unfriede. Es ist eine Realität in unserer Welt, dass es noch jemanden gibt, der uns zerstören will, Streit und Zwietracht sät und sich darüber freut, wenn wir verwundet werden. Der sich die Hände reibt, wenn wir einander wehtun, und glücklich ist, wenn wir an der Liebe zweifeln.
Besonders dann, wenn wir Gutes tun wollen, mischt er sich gerne ein. Bei uns wird das immer dann deutlich, wenn wir ein Fest feiern wollen, ob in unserer Gemeinschaft oder in der Gemeinde. Ich kann Ihnen von vornherein sagen: „Einer spinnt immer!“ Etwas geht bestimmt immer schief, etwas wird vergessen, ein Missverständnis passiert, und jemand regt sich auf. Man macht sich besonders viel Mühe, und dann schafft es eine winzige Kleinigkeit, uns die Freude zu nehmen. Aus einer Fliege wird ein Elefant, und die Aufregung steht in keinem Verhältnis zu dem, was schiefgegangen ist. Kennen Sie das? Wundern Sie sich nicht darüber. Bereiten Sie sich schon darauf vor. Seien Sie gewappnet. Da hat der Böse wieder zugeschlagen, und noch mehr freut er sich, wenn wir mit Verletzungen zurückbleiben. Dann kommen wir ins Zweifeln: „Warum bin ich nur so bescheuert, mich überhaupt zu engagieren, und das ist der Dank!“ Jeden Tag versucht jener uns fertigzumachen, der sich als Miesmacher gut verkauft und begeistert ist, wenn wir leiden. Doch wir haben es in der Hand, wir entscheiden, ob wir ihm wirklich Recht und Macht geben oder Stopp sagen. Er kann uns nichts anhaben, wenn wir selbstbewusst sind.

Wir sind geliebte, wunderbare Menschen,
auch wenn wir sündige, schwache Menschen sind,
die Fehler machen und anderen wehtun können.

Selbstbewusstsein heißt: „Sich seiner selbst bewusst zu sein"

Seine eigenen Stärken und seine Schwächen zu kennen, vor allem die Schwächen, die jener gern ausnutzt. Zu wissen, wir sind geliebte, wunderbare Menschen, auch wenn wir sündige, schwache Menschen sind, die Fehler machen und anderen wehtun können. Wir sind zu allem fähig. In diesem Bewusstsein können wir uns über alles freuen, was gelingt, und bescheiden zugeben, dass auch uns Fehler unterlaufen. Dann hat der Böse keine Macht mehr über uns, und wir nehmen uns nicht zu wichtig und können auch die Fehler der anderen akzeptieren.
Und wie geht es Ihnen nun? Mit Ihren Verletzungen und Wunden? Sie haben zwei Möglichkeiten: Wenn es Spaß macht zu leiden, dann leiden Sie ruhig weiter. Wenn es erfrischend ist, mit finsterem Gesicht durch die Gegend zu laufen, nur voran! Aber wenn nicht, wenn Sie schon lange genug geschluckt haben, dann sagen Sie innerlich „Stopp!". Halten Sie Ihre Wunden Ihrem Schöpfer hin und lassen Sie sie heilen. Gehen Sie den Weg der Vergebung, er wird Sie befreien und heil machen.

Gehen Sie den **Weg**
der Vergebung,
er wird Sie befreien
und **heil** machen.

Sprechen sie „Deutsch“ mit Gott

1. Beten Sie für die Menschen, die Ihnen wehgetan haben. Gebet kann heilsam sein. Aber beten Sie bitte ehrlich. Denn Gott erhört mit Vorliebe ehrliche Gebete. Sprechen Sie Deutsch mit Gott. Wenn Sie jemand nicht ausstehen können, dann sagen Sie Gott, wie Sie sich wirklich fühlen: „Diese blöde Gans kann ich nicht ausstehen!“ In ein paar Wochen klingt das dann vielleicht so: „Diese Frau kann ich nicht ertragen.“ Und vielleicht eines Tages so: „Ich kann meine Mitschwester im Glauben nicht ertragen“ oder: „Ach, du weißt ja, so unerträglich ist sie gar nicht“. Oder nehmen Sie sich mal die Psalmen zur Hand, sie würden sich wundern, wie dort Tacheles geredet und über Feinde gebetet wird!

2. Es gibt ein Indianersprichwort, das frei übersetzt lautet, dass wir den anderen nicht verurteilen sollten, bevor wir nicht einige Tage in seinen Mokassins gelaufen sind. Versuchen Sie, sich in den anderen hineinzuversetzen, warum er oder sie so reagiert. Vielleicht ist er/sie selbst verletzt, und das schon lange, und lässt dies an Ihnen aus. Wenn wir erfahren, was der andere zu tragen hat, dann würden wir sicher nicht mit ihm tauschen wollen. Zwar tut es uns trotzdem weh, was der andere gesagt und wie er sich verhalten hat, aber wir können etwas besser damit umgehen.

3. „Segnet, die euch verfluchen“, sagt Jesus (Lk 6,28). Ich weiß, das fällt am Anfang nicht ganz leicht, wenn die Person vor Ihnen steht und Sie sie vielleicht noch mit knirschenden Zähnen innerlich segnen sollen. Aber vertrauen Sie Jesus, das ändert sich. Sie werden erleben, wie frei und leicht es Ihnen nach einiger Zeit aus dem Herzen und über die Lippen kommt. Was denken Sie, wie viele Autofahrer ich bei meinen vielen Touren jede Woche segnen muss!

4. Tun Sie Ihrem Gegner etwas Gutes. Es gibt nichts, was ihn mehr beeindruckt, als wenn Sie ihm etwas Gutes tun. Auch wenn er es anfangs gar nicht bemerkt. Sie werden sich besser fühlen.

5. Versuchen Sie sich zu versöhnen, weil es sich einfach schöner lebt auf dieser Erde, wenn man im Frieden ist.

Versuchen Sie,
sich in den anderen hineinzuversetzen,
warum er oder sie so reagiert.

Der Glaube ist ein Abenteuer, das nie endet

Sie stehen nicht unter Druck. Vergeben Sie, wenn Sie das können, aber vergeben Sie nicht vorschnell. Sonst bleibt etwas Unverarbeitetes in der Seele zurück. Und bitte sagen Sie nicht: „Wenn der andere auf Knien gekrabbelt kommt und sich entschuldigt, dann vergebe ich ihm.“ Damit machen Sie sich ja wieder vom anderen abhängig. Nein, Sie tun es, wenn Sie spüren, dass Sie heil und dazu imstande sind. Und wenn der andere nicht will?

Lassen Sie ihm Zeit, aber fangen Sie selbst an, wieder zu leben, ganz zu leben. Konzentrieren Sie sich auf sich selber, seien Sie wieder gut zu sich, werden Sie der beste Freund, die beste Freundin zu sich selbst. Gott möchte Sie lebendig und heil. Dafür ist Jesus zu uns Menschen gekommen. Er hat alle, die krank waren, geheilt. Aber bevor er sie heilte, fragte er sie auch, was er ihnen tun soll. Eine komische Frage, denn wenn ein Blinder vor ihm stand, war das doch eigentlich offensichtlich! Jesus würde niemanden heilen, der nicht geheilt werden will. Das ist die Freiheit Gottes, von der ich im ersten Kapitel schrieb. Es gibt Menschen, die wollen anscheinend nicht geheilt werden, so schlimm das auch klingt. Sonst könnten sie ja nicht mehr im Selbstmitleid schwimmen, sich nicht mehr bedauern lassen. Jesus konnte Menschen, denen er begegnet ist, von allen Leiden heilen, unter denen die Menschen litten, er hat sogar Tote zum Leben erweckt. Er kann es auch heute. Wir müssen ihm das nur glauben, uns seiner Liebe anvertrauen. Der Glaube ist ein Abenteuer. Ein Abenteuer, das nie endet. Das uns mutig und stark, ehrlich und demütig macht. Das uns herausfordert und wieder Flügel schenkt, in eine neue Freiheit führt. Weil unser Leben einmalig ist, sollten wir das große Geschenk annehmen, von Gott geliebt zu sein, und ihn mit einer neuen Begeisterung im Alltag suchen.

Werden Sie der *beste Freund*,
die beste Freundin zu sich selbst.
Gott möchte Sie lebendig und heil.

Ich wünsche Ihnen alles Gute!

Ich wünsche Ihnen von Herzen gute gesegnete Jahre voller Freude und Dynamik. Seien Sie gut zu sich. Wagen Sie das Abenteuer mit Gott, er wartet auf Sie und hat Sehnsucht nach Ihnen. Entdecken Sie die Bibel und schöpfen Sie aus dem lebendigen Wort, das für Sie Mensch geworden ist, neue Kraft. Lernen Sie, Gott mehr und mehr zu loben und anzuerkennen, geben Sie ihm mehr Raum in Ihrem Leben. Dann werden Sie leichter fertigwerden mit vielen Problemen, die Ihnen der Alltag abverlangt. Gönnen Sie sich und den Menschen Ihrer Umgebung ungewöhnliche Momente und bezaubern Sie alle, die Ihnen begegnen. Schenken Sie unserer Welt mehr Licht und Wärme, seien Sie verliebter und verrückter, genießen Sie jeden Tag, auch die schweren, denn die gehören zu Ihrem Leben. Und – lassen Sie Ihre Wunden heilen, damit Sie Gott glauben können, wie wertvoll Sie sind und wie kostbar Ihr Leben ist. Durch Jesus haben Sie es verdient, für immer geliebt zu werden.

Fragen: Tragen Sie Verletzungen mit sich herum? Würden Sie gern vergeben, schaffen es aber noch nicht? Wollen Sie frei sein und mit Gott den ersten Schritt wagen?

Wagen Sie das Abenteuer mit Gott,
er wartet auf Sie und hat Sehnsucht nach Ihnen.

in das Leben der Menschen einzutauchen, vor allem der Kinder. Ich spielte Fußball und Basketball mit ihnen und fuhr Skateboard. Das war für mich nichts Besonderes, aber für meine Kids. Nach einem halben Jahr entdeckte mich ein Team von „Schreinemakers Live".
Ich wurde eingeladen, und es wurde ein Film über meine Arbeit gedreht. Fünf Millionen Zuschauer erfuhren meine Geschichte, und man sah, wie ich mit den Kindern Skateboard fuhr. Am nächsten Tag sprachen mich am Kölner Bahnhof unzählige Passanten an. Diese Nacht hatte mich bekannt gemacht. Ich weiß selbst nicht mehr, wie viele Reporter mich monatelang bombardierten, und alle wollten nur ein Foto schießen: Wie ich Skateboard fahre. Dieses Bild ist inzwischen auf der ganzen Welt erschienen. Auf den Philippinen und in Ohio und in England mit Prinz Charles auf der Titelseite. Ganz ehrlich: Ich kann das blöde Brett nicht mehr sehen, aber damals hat es viele Türen geöffnet.
In dieser Zeit spürte ich, wie weit wir noch von den Menschen weg sind. Dort auf der Straße wurde es mir klar. Und Gott gab mir eine Vision ins Herz: Ich sollte meinen Orden verlassen und eine neue Gemeinschaft gründen. Für Schwestern, Brüder und Eheleute. Ich sollte nach Bamberg gehen, und das tat ich auch. Es war unglaublich, dass die Verantwortlichen der Erzdiözese in Bamberg so schnell „Ja" sagten. Ich verließ mein Kloster und gründete 1994 mit Pfarrer Franz Reus und Schwester Claudia „Die Kleine Kommunität der Geschwister Jesu", die in diesem Jahr schon das 30. Jubiläum feiert.
Was ich in den 30 Jahren getan habe? Ich gab Religionsunterricht in der Grund- und Hauptschule, war Gemeindereferentin und machte sehr viel Projektarbeit besonders mit Kindern. Wir veranstalteten elf Jahre lang Kinder-Abenteuerland-Gottesdienste, die vierzehntägig bis zu 200 Kinder besuchten. Ebenso Gottesdienste für Kirchendistanzierte. Neun Musicals habe ich komponiert und sie mit 80–90 Mitwirkenden in meiner Gemeinde aufgeführt. Die Jüngste war fünf, die Älteste 70 Jahre. In manchen Jahren hatten wir monatlich mindestens eine Aufführung.
Seit 2011 bin ich praktisch nur noch unterwegs zu Vorträgen. In einem Jahr bin ich auf 70.000 Kilometer gekommen und habe 200 Veranstaltungen gehalten. Ich werde häufig in katholischen Gemeinden zu Vorträgen, zum evangelischen Frauenfrühstück oder bei Freikirchen zum Predigen eingeladen. Außerdem haben mich seit einigen Jahren Firmen und Unternehmer als Keyspeakerin entdeckt. Ich bin zum Beispiel Gastreferentin für Topmanager beim Schmidt Colleg, für Sparkassen, IT-Firmen, bei Wirtschaftstagen oder ich rede vor 800 OBI-Mitarbeitern. Besinnungstage und Fortbildungen gehören ebenso dazu. Ich bin Buchautorin, gebe gerade mein 27. Buch heraus und male ausdrucksvolle religiöse Bilder, am liebsten mit Acrylfarben. 2004 bekam ich den „Kulturpreis für Musik und Gegenwartsliteratur" des Landkreises Bayreuth, 2013 den Bundesverdienstorden und 2023 den bayerischen Verdienstorden. Seit fast 30 Jahren bin ich auch immer wieder im Fernsehen, bei Sendungen wie „Beckmann" oder bei Jörg Pilawa in der Quizshow. Mein Pfarrer und ich haben dort 100.000 Euro erspielt. Ich koche gerne und habe schon zwei Kochbücher geschrieben. Seit meiner Krebserkrankung unterstütze ich viele Krebs-Initiativen.
Zusammengefasst würde ich sagen: Mein Leben ist mein Hobby. Und das ist so, seit Jesus mein Leben auf den Kopf gestellt hat.

Wer ich bin?

Mein Name ist **Schwester Teresa** und ich bin schon im 60. Lebensjahr. Oh Gott, ich wollte immer und unbedingt nur achtzehn werden, und jetzt bin ich im 60. Lebensjahr! Geboren in Kroatien, wo mein Vater als Fußballspieler entdeckt wurde, kamen wir in den Siebzigern nach Deutschland. Ich hatte das sportliche Talent meines Vaters geerbt, was man mir heute aber nicht mehr ansieht: dass ich mal eine erfolgreiche Kunstturnerin und badische Meisterin im Fünfkampf der Leichtathletik war. So ungefähr vor hundert Jahren – so kommt es mir jedenfalls vor.

Meine ganze Kindheit war vom Sport geprägt, und ich wollte Karriere machen, eben nach meinen Möglichkeiten, später Sport studieren und Trainerin werden. Das war der Plan und so finanzierten meine Eltern meinen Aufenthalt in einem Sportinternat, in dem ich mein Abi machte und mich ganz auf den Sport konzentrieren konnte. Mein Leben war verplant.

Doch dann kam eine Nacht, die mein Leben veränderte. Ich wachte gegen zwei Uhr früh auf und konnte nicht mehr schlafen. Ich wälzte mich im Bett hin und her, aber es nutzte nichts. Ich hörte Musik – „Queen" –, aber das brachte nichts. Da sah ich den Stapel Bücher, den Ingrid, meine Mitbewohnerin, mir ins Zimmer gelegt hatte, weil sie sie aussortieren wollte. Ich griff zum erstbesten Buch und es war die Bibel! Ich hatte bis dahin noch nie in die Bibel geschaut, hatte nie Religionsunterricht gehabt und schlug ein beliebiges Blatt auf. Ich las „Bergpredigt" und fing an zu lesen. Bei dem Satz „Selig, die ein reines Herz haben, denn sie werden Gott schauen" (Mt 5,8) wurde ich existenziell berührt, und Gott schenkte mir Glauben. Ich las die ganze Nacht und konnte kaum fassen, was ich da las. Vor allem der Satz: „... Wenn dich einer auf die rechte Wange schlägt, dann halt ihm auch die andere hin" (Mt 5,39). – So etwas Verrücktes, dachte ich! Wie kann man denn so leben? Ich erfuhr von Jesus, dass er einen Gott hat, den er Vater nennt, wie er Menschen geheilt hat und brutal ermordet wurde und wie seine Freunde sagen, dass er auferstanden ist.

Am nächsten Tag hatte ich ein Basketballspiel. Und nachdem ich sehr böse gefoult wurde, wollte ich der Gegnerin Revanche zeigen, aber ich reagierte ganz anders. Mir fiel der Satz mit der „Wange" ein, und ich sagte stattdessen etwas Nettes zu ihr. In diesem Moment spürte ich, wie Frieden in mich kam, wie pures Licht. „Da ist was dran", dachte ich, lief nach dem Spiel nach Hause und las in der Bibel, meiner unglaublichsten Entdeckung. So fing mein Abenteuer mit Jesus an! Ich ließ mich taufen, gab meinen Sport auf und trat ins Kloster ein. Die Schwestern wussten erst nicht, was sie mit mir anstellen sollten, da ich noch keine Ausbildung hatte. So wurde ich in verschiedenen Krankenhäusern, Altenheimen, in einem Behindertenheim, einer Sonderschule und einem Kinderdorf eingesetzt. Später machte ich eine Ausbildung als Altenpflegehelferin, und schließlich studierte ich Religionspädagogik mit dem Ziel, Gemeindereferentin zu werden und Religionsunterricht zu geben.

Ich kam nach Hanau in eine Gemeinde in einem sozialen Brennpunkt. Hier spürte ich, dass man mit frommen Sprüchen nichts erreichen kann, also fing ich an,

Bibliografische Information der Deutschen Nationalbibliothek
Die Deutsche Nationalbibliothek verzeichnet diese Publikation in der Deutschen Nationalbibliografie; detaillierte bibliografische Daten sind im Internet über http://dnb.d-nb.de abrufbar.

Bildnachweis
Cover, 29: © Peter Eichler, www.pedesign.de; 1: © stock.adobe.com/vencav; 2: © stock.adobe.com/artrachen; 3: © stock.adobe.com/Syda Productions; 4: © stock.adobe.com/Sonja Birkelbach; 5: © stock.adobe.com/CasanoWa Stutio; 6: © stock.adobe.com/oleg_chumakov; 7: © stock.adobe.com/Delphotostock; 8: © stock.adobe.com/isara; 9: © stock.adobe.com/Jane Be. The Picture; 10: © stock.adobe.com/Ben White/Wirestock; 11: © stock.adobe.com/nataliya_rodenko; 12: © stock.adobe.com/Haaspeopleimages.com; 13: © stock.adobe.com/Eleonora; 14: © stock.adobe.com/maykal; 15: © stock.adobe.com/magdal3na; 16: © stock.adobe.com/ipopba; 17: © stock.adobe.com/Yaroslav; 18: © stock.adobe.com/phpetrunina14; 19: © stock.adobe.com/Deemerwha studio; 20: © stock.adobe.com/Tinnakorn; 21: © stock.adobe.com/biletskiyevgeniy.com; 22: © stock.adobe.com/Karat; 23: © stock.adobe.com/Dana Keli; 24: © stock.adobe.com/Patrick Daxenbichler; 25: © stock.adobe.com/sdecoret; 26: © stock.adobe.com/BillionPhotos.com; 27: © stock.adobe.com/ribalka yuli; 28: © stock.adobe.com/Alexander Ozerov; 30: © stock.adobe.com/Oksana Moroz; 31: © stock.adobe.com/BillionPhotos.com; 32: © stock.adobe.com/Sabrina; 33: © stock.adobe.com/L De Bruin/peopleimages.com; 34: © stock.adobe.com/inesbazdar; 35: © picture-alliance/dpa/UPI; 36: © stock.adobe.com/yanlev; 37: © stock.adobe.com/EdNurg; 38: © stock.adobe.com/pingpao; 39: © stock.adobe.com/simona; 40: © stock.adobe.com/JFL Photography; 41: © Sandra Pakulla-Schmelzer; Rückseite: © privat

Besuchen Sie uns im Internet unter:
www.st-benno.de

Gern informieren wir Sie unverbindlich und aktuell auch in unserem Newsletter zum Verlagsprogramm, zu Neuerscheinungen und Aktionen.
Einfach anmelden unter www.vivat.de.

ISBN 978-3-7462-6553-7

Covergestaltung: Karen Münch-Thornton, München
Gesamtherstellung: Arnold & Domnick, Leipzig (A)